CW00956508

Inglés para rubias

que no tienen un pelo de tontas

Concepto original: La Vecina Rubia y Mamen Rivera
Autoras: La Vecina Rubia y Mamen Rivera
Dirección editorial: Rubén Palomero
Coordinación del proyecto: Julia Nowicki
Edición: Julia Nowicki
Corrección del español: Carmen Vallejo
Corrección del inglés: Ximena Holliday
Dirección de arte y diseño: Rubén Salgueiros Somoza
Ilustración: Isa Muguruza
Voces: Alberto Imedio, David Waddell, Mamen Rivera, Patricia Cuenca,
Siobhán O'Connor y Ximena Holliday
Sonido: Daniel Escudero
Imprime: LAVEL INDUSTRIA GRÁFICA
Segunda edición: 2017
ISBN: 978-84-16667-21-5
Dep. Legal: M-26621-2017

©2017 Vaughan Systems
Calle Orense, 69, planta 1
28020 Madrid
Tel: 91 444 58 44
www.grupovaughan.com
www.vaughantienda.com

La Vecina Rubia y Mamen Rivera
Ilustrado por Isa Muguruza

Inglés para rubias

que no tienen un pelo de tontas

Vaughan

To all of the blondes out there.
And to all of the people who don't know they're blondes yet,
but who'll feel amazing when they find out they are.

A todas las rubias que hay por ahí.
Y a todas las personas que todavía no saben que son rubias,
pero que se van a sentir de maravilla cuando se den cuenta de que lo son.

Querido diario:

Escribir un prólogo sobre un libro de inglés es más difícil que pronunciar correctamente **February**.

Por eso, busqué ayuda. Le enseñé el libro al chico que me gusta una vez estuvo terminado y le dije que me hiciese un resumen. Me preguntó que si contaba para nota y le contesté que subiría muchos puntos.

Me dijo que *Inglés para rubias que no tienen un pelo de tontas* era justo lo que necesitaba, que había aprendido muchísimo leyéndolo y que se había reído un montón, que había expresiones que no había oído nunca y que se lo quedaba para hacer los pasatiempos y para comentar cosas con pantallazos en su chat de grupo de amigos, ya que ellos también tienen uno.

También me dijo que le venían genial los "truquis de la profe de inglés de La Vecina Rubia" y los #rubiconsejos que había en casi todos los capítulos para aprender divirtiéndose, y que se quedaba con todas las frases míticas de La Vecina Rubia porque **being blonde is a state of mind**.

A veces, por muy rosas que sean las cosas o aunque lleven las palabras "rubias" o "guapas", son para todo el mundo.

Todos nos sentimos rubias en esos momentos de la vida en los que nos cuesta hacer algo, como por ejemplo, aprender inglés.

Me gusta ser rubia, pero a veces es difícil.

Voy a escribir al chico que me gusta. Ayer me dijo que quería escuchar los audios del libro de inglés y yo entendí que quería que le enviase audios de WhatsApp de tres en tres y le gasté la batería del móvil.

La Vecina Rubia

¿CÓMO DESCARGAR EL AUDIO DE *INGLÉS PARA RUBIAS*?

descargar audio

Aquí tienes unas sencillas rubinstrucciones para que no te descargues la última temporada de *Juego de tronos* en lugar de bajarte el audio del libro. ¡Es muy facilito! Mira:

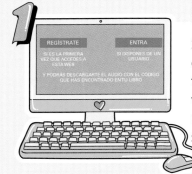

Si ves reflejado tu pelazo en la pantalla del ordenador es que está apagado. Enciéndelo y pon esta dirección en tu navegador: **http://audios.vaughantienda.com**. Una vez ahí, pulsa en **"REGÍSTRATE"** y crea tu cuenta. De momento no se puede subir una foto de perfil en la que salgas monísima, pero todo se andará. :)

¿Ya estás? ¡Bien!
Ahora mete esta clave:
Wehavepelazo
y dale a **"AGREGAR CÓDIGO"**.

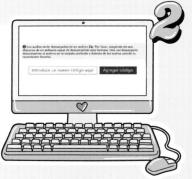

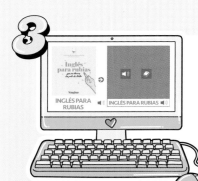

Ya está casi. Ahora te aparecerá un mensaje muy cuqui en el que pone que el audio se ha cargado (¡éxito!) y verás una imagen de la portada del libro. Pon la flechita del ratón sobre la imagen del libro y pulsa sobre el **icono del altavoz** para descargar el audio. ¡Tachán! Ya lo tienes. :)

Si te lías, **don't worry, be guapi**. Mándanos un correo a **vaughantienda@grupovaughan.com** y alguna rubia de Vaughan que sepa de informática te ayudará a descargarlo.

SOBRE LAS AUTORAS

La Vecina Rubia es la chica que rompe todos los estereotipos de rubia, pero luego los cose.

Aunque su mayor sueño era estudiar en un instituto americano con taquillas e ir al baile de fin de curso, tuvo que conformarse con matricularse en varias carreras universitarias.

Años después, aprovechó todo lo que había aprendido para escribir en clave de humor, porque ser donante de sonrisas is something we beauties do (**es de guapas**).

Está en una relación estable con la educación, comprometida con causas solidarias y en una relación complicada con la pronunciación del inglés. Es creativa por naturaleza y de letras como las sopas.

Está obsesionada con los imperativos mal escritos, con hacerse ilusiones y que le queden preciosas, y con aportar un granito de purpurina para conseguir un mundo más rosa.

 @lavecinarubia　　 **@lavecinarubia**　　 **lavecinarubia**

Mamen Rivera es, posiblemente, la profe de inglés más rubia de España, aunque es morena y suele ir peliteñida de colorines.

Estudió Filología Inglesa y fue traductora en una vida anterior, hasta que decidió convertirse en escritora, editora, locutora de radio y profe de La Vecina Rubia.

Está obsesionada con la gramática, la pronunciación del inglés, los unicornios y los karaokes.

 @mamen_rivera

Isa Muguruza vive en un drama permanente porque el rotulador rosa siempre es el primero que se le acaba.

Ha realizado estudios tanto de diseño como de publicidad, pero lo que realmente le apasiona es la ilustración. Tanto es así que lleva dedicándose a ello desde que tiene uso de razón.

De pequeña se pasaba las horas dibujando sirenas y princesas, y ahora dibuja las rubieces de La Vecina Rubia. ¿Sabéis el dicho de "le gusta más que a un tonto un lápiz"? Pues sí, ella es la chica del lápiz. Su forma de capturar la realidad es dibujándola.

Sus obsesiones son los zapatos y el pintalabios.

 isamuguruza

Inglés para rubias

que no tienen un pelo de tontas

Índice

Living La Vida Guapi

Mi unicornio dice que tengo demasiada imaginación. Yo le digo que I'm just living la vida guapi.

El otro día a La Vecina Rubia se le ocurrió que a lo mejor en Islandia había rubias haciendo chistes de morenas. Después de mucho **wondering about it** (**reflexionar sobre ello**) llegó a estas tres conclusiones:

1 Que, independientemente del país en el que estemos, los chistes de rubias tienen gracia cuando los contamos las rubias para reírnos de nosotras mismas, pero no cuando los cuentan los que se creen listísimos.

2 Que ser rubia es un estado de ánimo y da igual que seas rubia, morena, pelirroja o estés rapada, porque ser rubia no depende del color de tu pelo, de tu nacionalidad y ni siquiera de tu sexo. De hecho, todas conocemos hombres que son muy rubias.

3 Que aunque a veces ser rubia puede ser difícil, no lo cambiaría por nada, porque aceptar que no eres perfecta y vivir la vida guapi sin martirizarte por hacer el ridículo de vez en cuando es lo mejor del mundo. Eso y el helado de vainilla con nueces de macadamia.

En este capítulo vas a aprender:

♥ que **I wonder** /ái uáanda/ significa **me pregunto**;

♥ a decir palabras bonitas como cariño, cielo o amorcito en inglés;

♥ el inglés que nunca antes te habían enseñado para hablar de la regla;

♥ que las rubias nos preguntamos a nosotras mismas todo tipo de cosas graciosas todo el rato.

¡Y muchas cosas más!

Sweet Nothings
Palabritas dulces

Me pregunto cómo llamarán a sus parejas, las dependientas, que te conocen de cinco minutos en el probador y ya te llaman "cariño", "mi amor" y "cielo".

I wonder what those shop assistants call their partners when they call you "darling", "love" and "honey" after having known you for five minutes in the fitting room.

¡Oh! ¡Qué majas! Ya que estamos hablando de **sweet nothings**, que no son *dulces nadas* sino **palabritas dulces**, vamos a ver cómo se dicen y se pronuncian estas y algunas más en inglés:

cariño	darling	/dáaalin(g)/
amor	love	/laavvv/
cielo	honey	/hhháani/
corazón	sweetheart	/sssuíithhhaaat/
pastelito	sweetie pie	/sssuíitipai/
dulzura	sugar	/shhhúga/
amorcito	buttercup	/báatakaap/

#Vocabulario ParaGuapas

Así se dice **probador**: **fitting room**. Viene del verbo **to fit** (**quedarte bien algo de talla**), como en: **This dress fits perfectly!** (**¡Este vestido te queda como un guante!**)

#Gramática ParaRubias

Fíjate en que **I wonder** (**me pregunto**) va seguido de una **question word**, es decir una **partícula interrogativa** como **what** (**qué**), aunque también podría ser **why** (**por qué**), **when** (**cuándo**), **where** (**dónde**), **how** (**cómo**), **who** (**quién**), etc. Además, al tratarse de una pregunta indirecta, lo que aparece después de **I wonder** siempre es una frase afirmativa, con el verbo después del sujeto. No decimos: *I wonder what is your name* sino: **I wonder what your name is** (**Me pregunto cuál es tu nombre**).

It's That Time of the Month
Estoy en esos días del mes

> *Me pregunto si a las princesas Disney también les viene la regla.*
>
> **I wonder if** Disney princesses also get their period.

Sí. Vamos a hablar de la regla. ¿Por qué? Porque es algo que le pasa a casi la mitad de la población, porque seguramente nadie te ha enseñado a hablar de ella en inglés y porque, aunque es un poco rollo tenerla, no es nada de lo que avergonzarse. Aquí van unas cuantas frases útiles:

¡Ay! Me están matando los calambres.	Ouch! These **cramps** are killing me.
No tendrás una compresa por ahí, ¿verdad?	You don't happen to have a **sanitary pad**, do you?
Las compresas de noche son las favoritas de la Bella Durmiente.	**Night pads** are Sleeping Beauty's favourite.
Las compresas con alas son las favoritas de Campanilla.	**Sanitary pads with wings** are Tinkerbell's favourite.
¿Has probado la copa menstrual? Es lo mejor.	Have you tried the **menstrual cup**? It's the best.
Yo prefiero los tampones.	I prefer **tampons**.
Mi prima la de rojo ha venido hoy.	**Aunt Flo** came today.
Estoy plof.	I'm **feeling down**.
Debería venirme la regla la semana que viene.	I should **get my period** next week.
Estoy en esos días del mes.	**It's that time of the month.**
Me acaba de venir la regla.	I just **got my period**.
Tengo a "los pintores" en casa esta semana.	**The painters are in** this week.

#DontWorry BeGuapi

Hablando de princesas… **What did the Little Mermaid do to not get her hair wet under the sea?** (**¿Qué hacía la Sirenita para no mojarse el pelo bajo el mar?**) ¿Y qué marca de **waterproof mascara** (**rímel resistente al agua**) usaba?

#SeeYouLater MariCarmen

Aquí, detrás de **I wonder**, aparece **if**, que es lo que usamos cuando nos preguntamos **si** algo sucede o no. Recuerda que lo que va detrás no se forma como una oración interrogativa: I wonder **if they get** their period y no *I wonder if do they get their period*.

Fifty Shades of Pink
Cincuenta sombras de rosa

Hay quien dice que el color rosa no es más que "rojo poco saturado". Otros dicen que es "el color de las niñas". Estos últimos está claro que no son los más listos de la clase.

Ya sea porque nos gusta de verdad, porque siempre se nos ha asociado con él y ya nos gusta por costumbre, o porque sí y punto: **We love pink.** Aquí tienes algunas **shades of pink (tonalidades de rosa)**. No son cincuenta, pero no están mal para empezar:

> *Me pregunto si hay alguna rubia por ahí a la que no le guste el color rosa.*
>
> **I wonder if** there's a blonde out there who doesn't like pink.

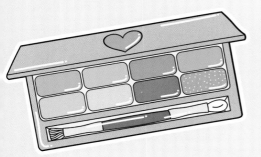

	rosa claro	light pink	/láit pink/
	salmón	salmon	/sssáman/
	rosa coral	coral pink	/kóral pink/
	rosa chicle	bubblegum pink	/báablgaam pink/
	rosa pastel	pastel pink	/passstl pink/
	rosa palo	rose pink	/róus pink/
	fucsia	fuchsia	/fíuushhha/
	rosa con purpurina (¡el mejor rosa que hay!)	glittery pink	/glítari pink/

Hola, querida. Soy el Guapicornio y estoy aquí para explicarte las cosas difíciles del inglés. ¡Ojo! Porque no es lo mismo **shade /shhhéid/** que **shadow /shhhádou/**. **Shade** es el **lugar en el que no da el sol**, como en: Us unicorns love to sit in the **shade** (**A los unicornios nos encanta sentarnos a la sombra**). Y **shadow** es la **sombra que proyecta una persona o una cosa**, como en: Is that a unicorn **shadow?** (**¿Es eso la sombra de un unicornio?**) Por cierto, **sombra de ojos** es **eyeshadow**.

#Blonde Expression

I'm tickled pink!

Esta es de lejos nuestra expresión favorita en inglés: **to be tickled pink /tikld pink/**, que significa **estar contentísima** o **contentísimo**. Viene del verbo **to tickle (hacer cosquillas)**. Se ve que las cosquillas rosas dan mucho gustito.

 La vecina rubia
@lavecinarubia

Me pregunto si el helado de vainilla con nueces de macadamia que tengo en la nevera estará pensando en mí también.

 50   39   256

Guilty Pleasures

Un **guilty pleasure** /**guílti pléshhha**/, literalmente un *placer culpable*, es una cosa que sabes que igual no deberías hacer, por el motivo que sea, pero te encanta y no te puedes resistir. Estos son algunos de los nuestros:

 eating vanilla ice cream with macadamia nuts
comer helado de vainilla
con nueces de macadamia

 buying expensive shoes
comprar zapatos caros

 buying anything with unicorns
comprar cualquier cosa
que tenga unicornios

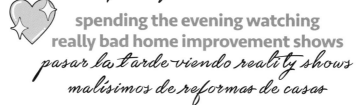 **spending the evening watching really bad home improvement shows**
pasar la tarde viendo reality shows
malísimos de reformas de casas

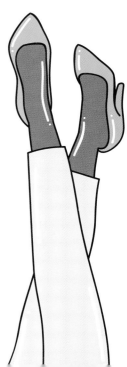

Stuff with Names of Places
Cosas con nombres de lugares

> *Me pregunto si en los países nórdicos llaman al edredón "el español", y dicen cosas como: "Voy a cambiarle la funda al español".*
>
> **I wonder** if they call a duvet "a Spaniard" in the Nordic countries, and if they say things like "I'm going to change the Spaniard cover".

Sí, sabemos lo que estás pensando: en inglés no tiene absolutamente ninguna gracia, porque las cosas, cuando se traducen literalmente, casi nunca la tienen. Pero es que nos reímos tanto con esta rubirreflexión que hemos tenido que incluirla. Claro, no tiene gracia porque **país nórdico** es **Nordic country** /nóodik káantri/, pero **edredón nórdico** es **duvet** /dúuvvvei/; vamos, que no tienen nada que ver.

Y hablando de cosas que tienen nombres de lugares, ¿alguna vez te has preguntado si en inglés estas cosas vienen de los mismos sitios que sus homólogas españolas? Ha llegado el momento de descubrir cuáles sí y cuáles no.

Las que sí:

ensaladilla rusa	Russian salad	/ráashhhan sssálad/
navaja suiza	Swiss Army knife	/sssuisssáaami náif/
baño turco	Turkish bath	/téekishhh baaaz/
puro habano	Cuban cigar	/kiúuban sssigáaa/

Las que no:

montaña rusa	roller coaster	/róula kóusssta/
llave inglesa	monkey wrench	/máanki rench/
cocina americana	open-plan kitchen	/óupan plan kíchin/
tortilla francesa	plain omelette	/pléin ómlit/

#PronunciarBien EsDeGuapas

Fíjate bien en cómo se pronuncian estas palabras porque en la vida real no vas por ahí escribiendo, sino hablando en voz alta. ¡Y ponte el audio, por lo que más quieras! Por si tienes dudas, en la página 138 encontrarás una maravillosa rubiguía de pronunciación.

Exams
Exámenes

Me pregunto si los veganos hacen chuletas para los exámenes.

I wonder if vegans make cheat sheets for exams.

Nada, otra cosa que no tiene ninguna gracia en inglés. Claro, es que **chuletas**, las de carne, son **chops**, que no tienen nada que ver con las de los exámenes porque esas se llaman **cheat sheets** /chiit shhhíitsss/.

Ya que estamos con los exámenes, ha llegado la hora de… ¡No te asustes! En este libro no hay exámenes. Solo vamos a ver vocabulario relacionado con ellos:

hincar los codos	to hit the books	/hhhit dza buksss/
copiar o hacer trampas	to cheat	/chiit/
aprobar	to pass	/paaasss/
aprobar con nota	to pass with flying colours	/paaasss wiz fláin(g) káalas/
aprobar por los pelos	to barely pass	/béeli paaasss/
bordarlo (un examen)	to nail it	/néilit/
suspender	to fail	/féil/
hacer un examen	to sit a test	/sssíta tessst/
repasar (¡Repasar es de guapas!)	to review	/rivvviúu/
decir que no has estudiado nada y luego sacar un 9	to say you haven't studied at all and then get an A	/ssséi iúu hhhavvvnt ssstáadiid atól andzén guétan éi/

Pues yo me pregunto qué comen los veganos al final de los cuentos cuando son felices y no pueden comer perdices. Aunque en inglés pueden comer cualquier cosa, porque al acabar lo que se dice es: **And they lived happily ever after.** Por cierto, **perdiz** en inglés es **partridge** y se pronuncia /páaatrich/.

19

Blonde Mysteries

Rubimisterios

Hay cosas que es mejor no saber. Estas son algunas de ellas. Bienvenidas a nuestra página de rubimisterios. Chan chan chaaaan...

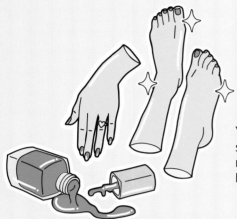

El misterio de por qué el esmalte de las uñas de los pies dura meses, y el de las manos, día y medio.

The mystery of why **nail polish** on your toes lasts for months and nail polish on your hands lasts a day and a half.

Y otro misterio es lo de **Polish** y **polish**. Si va con inicial mayúscula, significa **polaca** o **polaco** y se pronuncia **/póulishhh/**; y si va con inicial minúscula, equivale a **pulir** o **abrillantar** y se pronuncia **/pólishhh/**. Pero si lleva **nail** delante, **nail polish**, es siempre **pintauñas**.

El misterio de por qué cuando te haces un cortecito en un dedo, todos los golpes en los días siguientes van a ir a ese dedo.

The mystery of why, when you get a tiny **cut** on your finger, every time you accidentally hit yourself over the following days, you'll hit that same finger.

Cut es **corte** y se pronuncia **/kaat/**, bajando la mandíbula hacia el pecho para lograr el sonido **/aa/**. No lo confundas con **cat /kat/** (**gato**). Si tienes dudas, ¡ponte el audio! Y recuerda que **#PronunciarBienEsDeGuapas**.

El misterio de por qué tienes que abrir ese nuevo bote de champú que te acabas de comprar aunque tengas otros cinco abiertos.

The mystery of why you need to open that new bottle of shampoo you've just bought, **even if** you already have five open bottles.

Even if significa **aunque** o **a pesar de que**. Otras formas de decir lo mismo son **although /ooldzóu/** y **even though /iivvvn dzóu/**.

Pasatiempo

Word Sudoku!

Te proponemos un pasatiempo muy facilito (nos gusta más que "ejercicio") para que repases algunas cosas que has visto en este capítulo sin estresarte.

¿Cómo funciona? Tienes que rellenar los huecos teniendo en cuenta que no se puede repetir una palabra o expresión ni en el mismo cuadrado, ni en la misma línea horizontal o vertical. En los cuadrados rosas, escribe solo las palabras en español que sean el equivalente de la palabra en inglés que iría en ese cuadrado. Lo guay es que vas a ver estas nueve palabras o expresiones tantas veces que ¡no se te van a olvidar en tu vida!

glittery	cramps			montaña rusa				corazón
tickled pink			probador	chuleta	con purpurina			
	cheat sheet	duvet					feliz	
duvet				tickled pink				cramps
sanitary pad			duvet		cramps			fitting room
roller coaster				sweetheart				tickled pink
	tickled pink			calambres		sweetheart	duvet	
			compresa	probador	chuleta			glittery
				nórdico			roller coaster	cheat sheet

El truqui de la profe de inglés de La Vecina Rubia

Puedes hacerte tú misma en casa estos sudokus para repasar lo que tú quieras. Para ello, elige las nueve palabras o expresiones que no quieres olvidar y asigna a cada una un número; después coge un sudoku normal y cópialo en un papel sustituyendo cada número por la palabra correspondiente. ¡Verás qué diver!

#RubiConsejo
Fotocopia esta página. Así podrás hacer este pasatiempo todas las veces que quieras. :) #CuidarLosLibrosEsDeGuapas

Girlfriends Are the Best

Las amigas son como los zapatos: por muchos que tengas, siempre acabas con los que más cómoda estás.

Girlfriend se pronuncia **/guéelfrend/** y si estás pensando que solo significa **novia**, ¡te equivocas! También lo usamos para referirnos a las **amigas**, normalmente entre chicas.

Por ejemplo, el otro día La Vecina Rubia recibió un wasap del chico que le gusta. Decía que quería quedar con ella, pero ella se lo estaba pasando tan bien con sus amigas que le contestó:

Sorry, I'm hanging out with my girlfriends!

En este capítulo vas a aprender:

- ♥ un montón de vocabulario para describir a la gente;

- ♥ el inglés que necesitas para lidiar con esas situaciones divertidas (por así decirlo) que vives con tus amigas;

- ♥ que las palabras en inglés pueden ser más falsas que algunas amigas;

- ♥ que hay muchas formas de arreglarse y también de expresarlo en inglés.

¡Y muchas cosas más!

The Blonde

La rubia

What's she like?
She's very kind, sweet and naive, sometimes even a bit gullible, but extremely witty.

What does she look like?
She's thin, blue-eyed and she has shiny, long, blonde hair.

What does she like?
Unicorns, going shopping, learning English and pink, shiny stuff.

What's her superpower?
Getting thousands of "likes" with her cool pics and her clever comments.

What's her catchphrase?
"Money can't buy you happiness; that's why I spend it on shoes."

¿Cómo es?
Es muy maja, dulce, e inocentona, a veces incluso un poco ingenua, pero muy ocurrente.

¿Cómo es físicamente?
Es delgada, con los ojos azules y tiene un pelazo brillante, largo y rubio.

¿Qué le gusta?
Los unicornios, ir de tiendas, aprender inglés y las cosas rosas que brillan.

¿Cuál es su superpoder?
Conseguir miles de "me gusta" con sus fotos chulas y sus comentarios ingeniosos.

¿Cuál es su frase?
"El dinero no da la felicidad, por eso me lo gasto en zapatos".

The Antsy Pants

La culo inquieto

What's she like?
She's brave, energetic, impulsive, talkative and very committed.

What does she look like?
She has brown eyes and she has amazing, short, weekly-colour-changing hair.

What does she like?
Vegan food, animal rights, creating WhatsApp groups, and getting a bit tipsy.

What's her superpower?
She's able to take off her make-up every night, even if she's a bit tipsy!

What's her catchphrase?
"I wonder what name my dog has given me."

¿Cómo es?
Es valiente, enérgica, impulsiva, parlanchina y muy comprometida.

¿Cómo es físicamente?
Tiene los ojos marrones y tiene un pelazo corto increíble que cambia de color cada semana.

¿Qué le gusta?
La comida vegana, los derechos de los animales, crear grupos de WhatsApp y ponerse un poco piripi.

¿Cuál es su superpoder?
Es capaz de desmaquillarse todas las noches ¡aunque llegue un poco piripi!

¿Cuál es su frase?
"Me pregunto qué nombre me ha puesto mi perro a mí".

#Vocabulario ParaGuapas

catchphrase
/káchfreis/
(frase característica de una persona)

En estas páginas estamos viendo un montón de vocabulario útil, no te olvides de repasarlo en la página 33.

#RepasarEsDeGuapas

25

The Culture-Vulture

FRIENDS

La devoradora de cultura

What's she like?
She's charming, very confident, smart and trustworthy.

What does she look like?
She's curvy, she has green eyes, freckles and she has amazing, red hair.

What does she like?
Art, TV series in their original version, comics, books, fanzines, and basically everything that contains letters.

What's her superpower?
When she says "one more episode and I'll go to bed", she just watches a couple more.

What's her catchphrase?
"I watch so many TV series that my dreams are subtitled."

¿Cómo es?
Es encantadora, muy segura de sí misma, inteligente y siempre puedes contar con ella.

¿Cómo es físicamente?
Tiene curvas, los ojos verdes, pecas y un pelazo pelirrojo increíble.

¿Qué le gusta?
El arte, las series en V. O., los cómics, los libros, los fanzines y básicamente todo lo que tenga letras.

¿Cuál es su superpoder?
Cuando dice: "un capítulo más y me voy a la cama", solo se ve otros dos.

¿Cuál es su frase?
"Veo tantas series que mis sueños aparecen con subtítulos".

The Fitness Freak

La loca del fitness

What's she like?
She's straightforward, honest and sometimes a bit rude, but she has a big heart.

What does she look like?
She's really fit and she has dark eyes and dark hair that doesn't get frizzy, even when it's humid.

What does she like?
Animal print, crossfit, running, kick-boxing and basically everything ending in "-ing".

What's her superpower?
When she says she'll go to the gym, she actually goes to the gym.

What's her catchphrase?
"I'm a blonde trapped in a brunette's body."

¿Cómo es?
Es directa, sincera y a veces un poco borde, pero tiene un corazón enorme.

¿Cómo es físicamente?
Está en muy buena forma física y tiene los ojos marrones oscuros y un pelazo moreno que no se encrespa ni con la humedad.

¿Qué le gusta?
Los estampados salvajes, el *crossfit*, el *running*, el *kick-boxing* y básicamente todo lo que acaba en *-ing*.

¿Cuál es su superpoder?
Cuando dice que va a ir al gimnasio, va al gimnasio de verdad.

¿Cuál es su frase?
"Soy una rubia atrapada en el cuerpo de una morena".

#SeeYouLater MariCarmen

¡Ojo! Para preguntar **por la forma de ser de alguien** decimos What's she/he like?, y no How's she/he?, que significa **¿Qué tal está?** ni How's she/he like?, que es incorrecto. Si quieres preguntar **cómo es alguien físicamente**, tendrás que decir What does she/he look like?

¿Eres capaz de decirnos en inglés **what your best friend looks like**?

Plans

/plans/

Sabes que va a pasar algo divertido cuando te vas de fin de semana con tus amigas y alguna dice:

> *"Total si aquí no nos conoce nadie".*
>
> **"Who cares? No one here knows who we are."**

Sí. Esos planes con tus **girlfriends** son los mejores; todas lo sabemos. Hablando de planes, aquí tienes unos cuantos muy cuquis para hacer con tus amigas allá donde nadie os conozca:

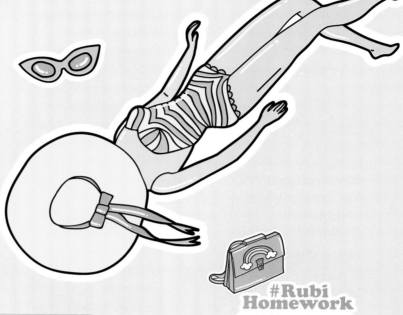

hacer senderismo	to go on a hike	/góu óna hhháik/
hacer una escapada de fin de semana	to go on a weekend getaway	/góu óna uíikend guétauei/
visitar un mercadillo	to visit a flea market	/vvvísita flii máaakit/
tomar un *brunch*	to have brunch	/hhhavvv braanch/
ir a un museo	to go to a museum	/góu tua miusíiam/
tomar el sol y relajaros	to sunbathe and chill	/sssáanbeidzan chil/
ir de viaje al extranjero	to go on a trip abroad	/góu óna tripabróod/

#Rubi Homework

Hablar sola en voz alta es de guapas. Practica el vocabulario que acabas de aprender con esta estructura: **Why don't we...?** (**¿Por qué no...?**), y manda el audio al grupo de WhatsApp de tus amigas, ¡verás como sale algún planazo!

Fíjate en cómo se unen los sonidos. ¡Pronunciar bien es de guapas!

28

Selfies

/sélfiis/

Amistad es:

> *Repetir la foto hasta que todas salgamos bien.*
>
> **Retaking the pic until all of us look good.**

Si no tienes una amiga que sale igual de monísima en todas las fotos, es que esa amiga eres tú. ¡Enhorabuena! El resto tenemos que lidiar con estos problemillas cuando nos hacemos fotos:

flequillo abierto	parted fringe	/páaatid frinch/
sonrisa falsa	fake smile	/féik sssmáil/
posturita forzada	forced pose	/foossst póus/
papada (que no sabías que tenías)	double chin	/daabl chin/
un ángulo horrible	a terrible angle	/a térabl angl/
ojos cerrados	closed eyes	/klóusd áis/
el efecto ojos rojos	the red-eye effect	/dza redái ifékt/

#RubiConsejo

Si no te gusta salir pálida en las fotos de grupo, ponte siempre en la otra punta de donde esté la que está más morena. ¿Sabes cómo se dice **morena** o **bronceada** en inglés? Pues puedes decir tanto suntanned /sssáantand/ como tanned /tand/. Hala, ¡ya lo sabes!

¿ Ein ?

¿Qué? ¿Te creías que **salir bien** en una foto se decía *to go out good*? ¡Pues no! Traducir literalmente no funciona casi nunca. Se dice to look good y también puedes look ugly (**salir fea**) o look gorgeous (**salir preciosa**). ¡Todo depende del momento!

 La vecina rubia
@lavecinarubia

–Rubia, ¿nivel de inglés?
–Alto.
–¿Sabe lo que es una "false friend"?
–Claro, mi amiga Laura cuando le dice a mi amiga Irene que le queda bien su nuevo corte de pelo.

↩ 78   ⇄ 91   ♥ 432

False Friends

Además de esas amigas que te comentan en todas las fotos "Guapa no, lo siguiente", aunque no les guste cómo vas vestida, las **false friends** también son esas **palabras que se parecen al español, pero significan otra cosa**. Y sí, son igual de peligrosas. Aquí tienes algunos ejemplos:

constipated
/kónsssstipeitid/
~~constipada~~
estreñida

diversion
/daivvvéeshhhn/
~~diversión~~
desvío

actually
/ákchuali/
~~actualmente~~
de hecho

embarrassed
/imbárassst/
~~embarazada~~
avergonzada

No me arreglo para gustarle a nadie.
Me arreglo porque me da la gana.

Traitors!

/tréitas/

Judas no era tan traidor si lo comparas con esas amigas que te dicen por el chat:

"No me voy a arreglar mucho" y luego van vestidas de gala.

"I won't wear anything special", and then they're all dressed up to the nines.

¡No nos engañemos! Todas hemos sido traitors /tréitas/ (**traidoras**) en algún momento con este tema. La próxima vez que tus amigas te pregunten **Are you going to dress up to the nines tonight?**, don't be a Judas /chúudas/ (**no seas Judas**), y escribe la verdad en el chat de grupo. Este vocabulario te vendrá bien:

emperifollarte	to doll yourself up	/dol ioossselfáap/
prepararte	to get ready	/guet rédi/
maquillarte	to put on make-up	/put on méikaap/
maquillarte como una puerta	to overdo it on the make-up	/ouvvvadúit óndza méikaap/
ponerte algo elegante	to wear something fancy	/úea sssáamzin(g) fánsssi/
ponerte tacones	to wear heels	/úea hhhiils/

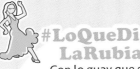

#LoQueDiga LaRubia

Con lo guay que es **estrenar** modelito... ¡y resulta que en inglés no existe este verbo! Lo más parecido que hay es **to wear something for the first time** (**ponerte algo por primera vez**). Por cierto, decir **little model** puede resultar gracioso, pero no significa *modelito* sino **modelo pequeño**.

#Blonde Expression

Mira qué **idiom** (**modismo**) más cuqui para decir **ir de gala** o **ir muy arreglada**: **to dress up to the nines**. Literalmente significa *vestirse hasta los nueves*. ¿Por qué? Porque el inglés a veces es puñetero. Como tus amigas cuando te hacen esto.

31

Typing

/táipin(g)/

Cuando alguien pone en el chat de amigas:

> *"Os tengo que contar una cosa", y se queda cinco minutos *Escribiendo...*.*
>
> "I have to tell you something", and then she's *typing...* for five minutes.

¿Ein?

Si es la primera vez que ves eso de **typing**, no te asustes. Viene de **to type /táip/**, un sinónimo de **to write** que se usa cuando **escribimos algo en el móvil** o **el ordenador**. O a máquina si eres una modernantigua.

Chica, suéltalo ya. ¡Qué sinvivir! En inglés para expresar que alguien se queda un rato haciendo algo, usamos el verbo **to be** seguido de otro verbo acabado en **-ing**, como en: and then she's typing for five minutes. Fíjate en que usamos **for** delante del rato en cuestión y no *during* que, en este contexto, sería incorrecto. Practícalo con estas frases:

Se queda cinco minutos escribiendo.	She's typing for five minutes.
Se quedó cinco minutos escribiendo.	She was typing for five minutes.
Se tirará cinco minutos escribiendo, verás.	She'll be typing for five minutes, wait and see.
Si te vas a tirar cinco minutos escribiendo, me desconecto.	If you're going to be typing for five minutes, I'll go offline.

#RubiConsejos

♥ Los audios del chat de grupo se pueden escuchar sigilosamente si te pones el móvil en la oreja. Así la gente no se enterará de lo personajes que son tus amigas.

♥ Si han escrito mucho en el chat de grupo de amigas y no te ha dado tiempo a leerlo, pon tu nombre en el buscador de WhatsApp para ver si han hablado de ti.

Pasatiempo
What Is She Like?

Te proponemos un pasatiempo muy facilito (nos gusta más que "ejercicio") para que repases algunas cosas que has visto en este capítulo sin estresarte.

A ver, sin hacer trampas. ¿Puedes decirnos cuáles de las palabras de la derecha describen a cada una de nuestras girlfriends? Si no, repásalo en las páginas 24, 25, 26 y 27. #RepasarEsDeGuapas

brave
charming
committed
confident
gullible
has a big heart
honest
impulsive
naive
rude
smart
straightforward
sweet
talkative
trustworthy
witty

The Blonde

_____
_____
_____

The Antsy Pants

_____
_____
_____

The Culture-Vulture

_____
_____
_____

The Fitness Freak

_____
_____
_____

El truqui de la profe de inglés de La Vecina Rubia

Si tienes una amiga cerca, puedes jugar al ¿Quién es quién? para practicar con ella. Tú le preguntas por ejemplo: Is she naive?, y ella te va contestando: Yes, she is o No, she isn't. Y así hasta que adivines quién es. ¡Verás qué bien os lo pasáis!

#RubiConsejo
Fotocopia esta página. Así podrás hacer este pasatiempo todas las veces que quieras. :) #CuidarLosLibrosEsDeGuapas

Blondes
Just Wanna
Have Fun

Cuando es viernes, y tu cuerpo lo sabe, aunque sea martes.

El otro día La Vecina Rubia tenía que tomar una decisión importante y le pidió consejo a su amiga Laura. Laura, que habla muy bien inglés, le dijo: **Darling, just follow your heart!** y pronunció **heart** así: **/hhhaaat/**, porque pronunciar bien es de guapas. La Vecina Rubia siguió su corazón y acabó en un bar con sus amigas.

A las rubias nos encanta salir a comernos el mundo sin gluten y sin lactosa, porque siempre queremos que haya muchas cosas bonitas en nuestras vidas, pero otras veces solo nos apetece salir a soltarnos el pelazo.

Sometimes blondes just wanna have fun!

En este capítulo vas a aprender:

- ♥ las frases que necesitas para entenderte con los camareros en inglés;
- ♥ cómo se llaman las distintas fases de una borrachera en inglés;
- ♥ el vocabulario esencial para comentar la fiesta con tus amigas;
- ♥ los wasaps que no deberías mandarle a tu ex cuando vas piripi.

¡Y muchas cosas más!

The Warm-Up
El calentamiento

Ready **to paint the town red?** Así es como decimos **salir de fiesta a lo grande**. Empecemos con el inglés que necesitas para entenderte con los camareros. Tenemos varias formas de pedir algo. Puedes decir simplemente lo que quieres, como en: **A beer, please!**, o usar alguna de estas estructuras: **I'll have a...**, **I'd like a...**, **Can I/we get a...?**

Practícalo con las bebidas de la tabla y ¡que empiece la juerga!

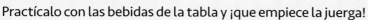

¿Qué queréis tomar?	What can I get you?	/uót kánai guétiuu/
Una cerveza, por favor.	A beer, please.	/abíia pliis/
Una copa de vino, por favor.	A glass of wine, please.	/agláaasssovvv uáin pliis/
Yo, un ron con coca-cola.	I'll have a rum and coke.	/áil hhhávvva ráaman kóuk/
Yo, un vodka con limón.	I'll have a vodka lemon.	/áil hhhávvva vvvódka léman/
Yo, un *gin-tonic*.	I'll have a gin and tonic.	/áil hhhávvva chínan tónik/
Yo quiero un *whisky* con hielo.	I'd like a whisky on the rocks.	/áid láika uíssski óndza roksss/
Yo quiero un refresco.	I'd like a soft drink.	/áid láika sssóftdrink/
¿Nos pones una ronda de chupitos?	Can we get a round of shots?	/kánui guéta ráundovvv shhhotsss/

Y nuestra favorita:

¡A esta invita la casa!	This one's on the house!	/dzísssuaanson dzahhháusss/

Literalmente decimos: ¡Esta está encima de la casa!, pero no te preocupes, no tienes que subir al tejado a por tu copa. ¡Solo te están invitando!

¿Ein?
¡Ojo! Si quieres invitar a algo a tus amigas, no digas *I invite you* porque no se dice así. Lo que decimos es:
This one's on me /dzisssuáanson mii/ o
It's my treat /itsss mái triit/.

Siempre hay una que llega tarde porque ha estado **dolling herself up** (**emperifollándose**) o se ha peleado con el **eyeliner** /áilaina/.

Oops! I'm a Bit Tipsy...

¡Uy! Voy un poco piripi...

¿A que siempre te has preguntado cómo se dice **piripi** en inglés? Pues ya lo sabes, se dice tipsy, pronunciado /típsssi/ con dos **"i"** muy cortitas. Y lo que pasa cuando vais un poco tipsy ya lo sabemos todas, así que vamos a ver cómo llamamos en inglés a esas cositas que haces en esta etapa de la noche:

cantar sin saberte la letra	to sing even if you don't know the lyrics	/sssin(g) ívvvanifiu dountnóu dza líriksss/
contar chistes malos	to tell bad jokes	/tel bad chóuksss/
pedirle una canción al DJ	to ask the DJ for a song	/aaasssk dza díichei fóra ssson(g)/
bailar como si no hubiera un mañana	to dance your socks off	/dáaansssioo sssóksssof/
partirte de risa	to split your sides laughing	/sssplítioo sssáids láafin(g)/
abrazo de grupo	group hug	/gruup hhhaag/

Oops! I'm a bit /típsssi/!

#Blonde Expression

En esta fase de la noche es cuando se suele producir la **exaltación de la amistad**. En inglés no existe esta expresión como tal, pero sí tenemos love buzz /laavvv baas/: ese momento en el que amas a todo el mundo y todo te parece maravilloso.

#RubiConsejo

Don't hit on us!
To hit on someone significa **entrarle a alguien** y el rubiconsejo de esta página va para los chicos: no seáis tan cansinos. Ya sabemos que estamos muy guapas todas, pero con una vez que os digamos que NO debería bastar. Y por favor, no nos pidáis el teléfono a la primera. Si os lo damos, ¿con qué llamaríamos nosotras?

I Think I'm Pretty Pissed

Creo que voy pedo

Después de todo ese love buzz, cuando ya te duelen los pies porque has estado dancing your socks off, y cuando tienes al /díichei/ un poco hasta las narices, llega el momento en el que te das cuenta de que estás pretty pissed /prítii pissst/, o sea, de que ya vas **como una cuba**. Ten en cuenta que pissed es una palabra bastante fuerte, así que no la vayas diciendo por ahí si no quieres sonar un poco soez.

Este es el momento más feo de la noche, en el que puede que te entre la tontería, te pongas triste y cometas el grave error de escribirle a tu ex. Cosa que no hay que hacer nunca, aunque todas lo hayamos hecho alguna vez. Estos son algunos de los mensajes que nunca deberías mandarle a tu ex cuando estás piripi:

#RubiConsejo

Tu corazón pertenece a quien escribes cuando vas piripi. Pero si ese alguien es tu ex, mejor que te estés quietecita. Leave your phone alone! (**¡No toques el móvil!**)

¡Hola! Solo quiero saber qué tal estás.

Estoy pensando en ti...

Te echo de menos...

Ojalá estuvieras aquí.

¿Has salido hoy?

¿Quedamos?

¿Todavía me odias?

Nunca voy a encontrar a nadie como tú.

¿Un polvo?

Hey! I just wanted to know how you are.

I'm thinking of you...

I miss you...

I wish you were here.

Are you out tonight?

Do you want to meet up?

Do you still hate me?

I'll never find anyone like you.

Sex?

#Gramática ParaRubias

A veces pasamos de las palabras I, am, are, do, you, etc., sobre todo cuando chateamos. Las frases tal y como las escribiríamos por WhatsApp serían: Hey! Just wanted to know how you are. Thinking of you... Miss you... Wish you were here. You out tonight? Wanna meet up? Still hate me?

La vecina rubia
@lavecinarubia

Esta noche voy a ir a una discoteca en la que ponen House y estoy nerviosa porque no sé qué temporada echarán.

↩ 10   ↻ 34   ♥ 183

Club Music

Club music es la **música que ponen en las discotecas**, o nightclubs en inglés. Vamos a aprender a pronunciar correctamente los géneros musicales más populares en los nightclubs. Normal que La Vecina Rubia se líe, si es que les ponen unos nombrecitos que cualquiera se aclara, con lo fácil que es un reget... regaet... ¡reguetón, leñe!

house
/hhháusss/
(no /jáus/)

drum and bass
/dráaman béisss/
(no /dránanbas/)

techno
/téknou/
(no /tékno/)

r&b
/aaaranbíi/
(no /arenvíi/)

electro
/iléktrou/
(no /eléktro/)

hip hop
/hhhíphhhop/
(no /jipjop/)

Oh Boy, I'm Wasted!

Tía, ¡voy fatal!

Claro, después de tanta **beer**, tanto **rum and coke**, **vodka lemon**, **gin and tonic**, **shots** o lo que te hayas tomado, y sobre todo después de **texting your ex**, vas **wasted** /uéissstid/ (**fatal**) y te ha dado la bajona. Pero tus **girlfriends are the best** y en cuanto ven que llevas un rato **in the loo** /índza lúu/ (**en el baño**), entran para animarte.

8 COSAS QUE PUEDES DECIRLE A TU AMIGA PARA ANIMARLA:

1 Tell us what's wrong, lovey. We're here to help each other.

Cuéntanos qué te pasa, guapi. Estamos aquí para ayudarnos.

2 It's OK to break down every now and then.

No pasa nada por venirse abajo de vez en cuando.

3 You're amazing and everything is going to be alright.

Eres increíble y todo va a salir bien.

4 We're here for you. You're not alone.

Estamos aquí. No estás sola.

5 Tomorrow you'll be hungover, but you'll feel better.

Mañana vas a estar de resaca, pero te sentirás mejor.

6 Group hug!!

¡¡Abrazo de grupo!!

7 Here's my make-up bag. Take whatever you need.

Aquí tienes mi maquillaje. Coge todo lo que necesites.

8 Do you fancy a late-night snack?

¿Nos vamos de recena?

¡Vivan las **loo friends**! Esas **amigas de baño** que no conoces de nada y te ayudan cuando lo necesitas. Porque compartir pintalabios, consejos de belleza y momentos cuquis con una desconocida en el baño une más que muchos años de amistad.

Fancy a Late-Night Snack?

¿Nos vamos de recena?

A estas alturas de la noche, lo mejor que puedes hacer es ir a casa y montarte una buena recena con tus amigas. En inglés no existe el concepto **recena**, pero sí tenemos eso de late-night snack /léitnaitsss nak/, que es lo que tomamos antes de ir a dormir.

Posiblemente no te acuerdes de tu late-night snack hasta que te levantes por la mañana y veas que tu cocina is a mess (**está hecha un desastre**), pero ¿y lo a gustico que vas a dormir con ese platazo de macarrones que te metes entre pecho y espalda? Aquí te dejamos algunas de las mejores comidas que te puedes zampar en estos momentos:

espaguetis con lo que sea	spaghetti with whatever	/ssspaguéti uíz uotévvva/
bocadillo de lo que sea	sandwich with whatever	/sssánuich uíz uotévvva/
sándwich de chocolate derretido	melted chocolate sandwich	/méltid chóklit sssánuich/
sobras de pizza	leftover pizza	/léftouvvva píitsssa/
macarrones con queso	mac and cheese	/mákan chiis/
croquetas	croquettes	/kroukétsss/
churros con chocolate	churros with chocolate	/chúrousss uíz chóklit/
hamburguesa con doble de queso	double cheeseburger	/daabl chíisbeega/

El truqui de la profe de inglés de La Vecina Rubia

Fancy...?, pronunciado /fánsssi/, significa **¿Te apetece...?** En realidad la frase completa sería Do you fancy...?, pero en este caso es más natural omitir Do you. Para que no se te olvide, la próxima vez que estés con tus amigas de fiesta, diles: Fancy a late-night snack?, y después ofréceles todas las posibilidades de comida guarra de la tabla, ¡o las que se te ocurran!

#Blonde Expression

A esa **comida no demasiado saludable** que devoramos cuando estamos regular y nos queremos bajar de la vida la llamamos comfort food /káamfat fuud/.

Alguien que no se ha puesto piripi nunca no puede saber a qué saben realmente los espaguetis a las 7 de la mañana.

Someone who's never been tipsy doesn't know what spaghetti really tastes like at 7 a.m.

The Hangover
La resaca

A la mañana siguiente… te levantas de esta guisa porque **you didn't take off your make-up last night** (**no te desmaquillaste anoche**). Nuestra más profunda admiración a todas las rubias que son capaces de desmaquillarse antes de acostarse, incluso cuando llegan piripi.

Este es un buen momento para repasar los errores que cometiste anoche. Así que vamos con un poco de…

#GramáticaParaRubias

Para regañarte a ti misma por algo que ya no tiene remedio, utiliza las estructuras **I should have** /ái shhhúdavvv/ (**debería haber**) y **I shouldn't have** /ái shhhúdantavvv/ (**no debería haber**), seguidas del verbo en participio, que es eso que te encuentras en la tercera columna de las típicas tablas de verbos irregulares. Ya no tiene solución, pero dilo en voz alta, ¡que ayuda!

Debería haberme desmaquillado anoche.	I should have **taken off** my make-up last night.
No debería haberle escrito a mi ex anoche.	I shouldn't have **texted** my ex last night.
Debería haber dejado el móvil quietecito anoche.	I should have **kept** my hands off my phone last night.
No debería haberme comido todas esas sobras de pizza anoche.	I shouldn't have **eaten** all that leftover pizza last night.
Debería haberme comprado más zapatos anoche.	I should have **bought** more shoes last night.
¡No debería haber tomado tantos chupitos anoche!	I shouldn't have **had** so many shots last night!

Me acaban de llegar unos zapatos que debí de comprar anoche.
I don't remember but even when I'm tipsy I have great taste!
No me acuerdo, pero ¡hasta piripi tengo buen gusto!

Manolo Blondik

#PronunciarBien EsDeGuapas

Aunque ya sepas que **hangover** es **resaca**, ¿lo pronuncias bien? Es así: /hhhangóuvvva/. Y por cierto, no se dice *I have hangover*, sino: **I have a hangover**, ¡con **a** delante!, o directamente: **I'm hungover** (**Estoy de resaca**).

Pasatiempo

The Night Maze

Te proponemos un pasatiempo muy facilito (nos gusta más que "ejercicio") para que repases algunas cosas que has visto en este capítulo sin estresarte.

¡La noche es un laberinto! Ha llegado el momento de repasar lo que hiciste anoche, porque puede que no te acuerdes de todo y porque #RepasarEsDeGuapas. A ver si eres capaz de llegar al plato de espaguetis sin marearte. Para ello tendrás que pasar, en orden, por algunas de las frases en inglés que aprendiste anoche; cada simbolito representa una de ellas. #LaNocheMeConfunde #PorLoMenosTengoPelazo

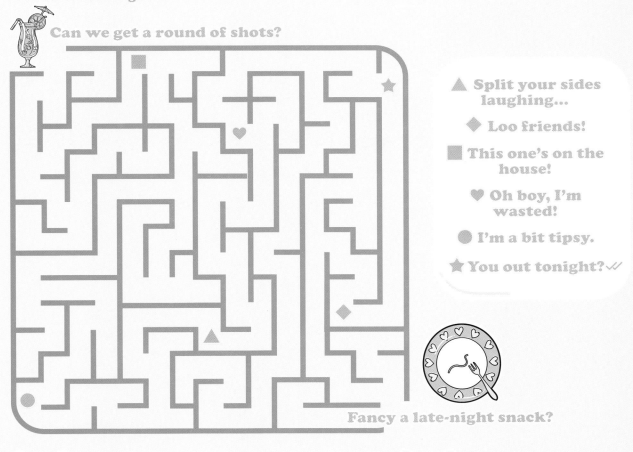

Can we get a round of shots?

▲ Split your sides laughing...

◆ Loo friends!

■ This one's on the house!

♥ Oh boy, I'm wasted!

● I'm a bit tipsy.

★ You out tonight?

Fancy a late-night snack?

#RubiConsejo
Fotocopia esta página. Así podrás hacer este pasatiempo todas las veces que quieras. :) #CuidarLosLibrosEsDeGuapas

Rubierrores

Los errores que cometemos las rubias
hablando en inglés, y que te harán
pensar #mebajodelavida.

El otro día La Vecina Rubia y su profesora de inglés estaban en una cafetería muy cuqui tomándose un **tea and scones /tíian ssskoúns/** (**té con panecillos ingleses**) y se pasaron toda la tarde riéndose con las rubieces que todas (y todos) cometemos cuando hablamos en inglés. Así que se les ocurrió escribir este capítulo de rubierrores para que vosotras os riais también.

Porque admitámoslo: todo el mundo se siente muy rubia cuando está aprendiendo inglés y no hay mejor forma de aprender que pegarle muchas patadas al **Oxford English Dictionary**. De los errores se aprende, así que cuando los cometas tú, lo mejor que puedes hacer es reírte y decirte a ti misma:

Don't worry, be guapi!

En este capítulo vas a aprender:

♥ que tienes que tener cuidadín cuando te pidas una **coke** en el bar, porque te pueden entrar ganas de precipitarte de la vida si no lo pronuncias bien;

♥ que **embarrassed** no significa *embarazada*, sino cómo te quedas tú cuando la lías con el inglés;

♥ que por muy friki que sea tu amiga, nunca deberías llamarla **freak**.

¡Y muchas cosas más!

Una coca-cola, por favor.

Lo que dices: **A /kok/, please.** 👎

Lo que significa lo que has dicho: Un pene, por favor. 💀

Lo que deberías haber dicho: **A /kóuk/, please.** 👍

¡La que has liado! Has confundido **coke** (**coca-cola**) con **cock** (una palabra bastante vulgar para referirse al **pene**). Si no quieres que te miren muy raro cuando pidas una coca-cola, pronuncia **coke** con el diptongo **/óu/: /kóuk/**. ¡Mucho mejor!

El truqui de la profe de inglés de La Vecina Rubia

Mejor di **coca-cola** para evitar líos, que también existe en inglés. Se pronuncia así: **/koukakóula/**.

Me gusta mucho tu barba.

Lo que dices: **I really like your /berd/.** 👎

Lo que significa lo que has dicho: Me gusta mucho tu pájaro. 💀

Lo que deberías haber dicho: **I really like your /bíiad/.** 👍

Esto es lo que pasa cuando le quieres decir un piropo al chico que te gusta y acaba pensando que estás un poco tarada. Para no liarte, recuerda que **beard** (**barba**) se pronuncia **/bíiad/** y **/berd/** se parece más a **bird** (**pájaro**) que se pronuncia **/beed/**.

¿Ein? Otras palabras que suenan parecido y con las que la gente se confunde mucho son:
- **bear /béa/** (**oso**)
- **beer /bíia/** (**cerveza**)

Ahora di que **Al oso de la barba y a su pájaro no les gusta la cerveza** en voz alta unas cuantas veces: **The /béa/ with the /bíiad/ and his /beed/ don't like /bíia/.**

¿Estás embarazada? ¡Enhorabuena!

Lo que dices: Are you embarrassed? Congratulations! 👎

Lo que significa lo que has dicho: ¿Estás avergonzada? ¡Enhorabuena! 💀

Lo que deberías haber dicho: Are you pregnant? Congratulations! 👍

¡Qué vergüenza! How embarrassing! Tú, que solo querías darle la enhorabuena… Bueno, **don't worry, be guapi**, que ya lo has aprendido:

· pregnant /prégnant/ (**embarazada**)
· embarrassed /imbárassst/ (**avergonzada**)

#RubiConsejo

Esfuérzate para pronunciar bien, porque una mala pronunciación puede dar lugar a momentos muy embarazosos y a que quieras bajarte de la vida.

Ahí están las pinzas.

Lo que dices: The thongs are over there. 👎

Lo que significa lo que has dicho: Ahí están los tangas. 😻💀

Lo que deberías haber dicho: The tongs are over there. 👍

¡Hay que tener mucho cuidado para que no se te vaya la pinza con el inglés! **Thong** es **tanga**, y se pronuncia así: **/zon(g)/**. Las **pinzas de la comida** o **del hielo** son **tongs** con una "t" normal y corriente: **/ton(g)s/**. Además, también están las **tweezers /tuíisas/**, que son las **pinzas de depilar** y las **clothes pegs /klóudzs pegs/**, las **pinzas de la ropa**.

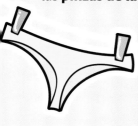

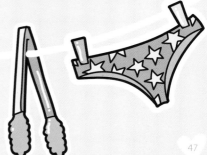

¿Tienes fuego?

Lo que dices: Do you have fire? 👎

Lo que has dicho no tiene ningún sentido. 💀

Lo que deberías haber dicho: Do you have a light(er)? 👍

Esto es lo que pasa cuando quieres que te den fuego, pero acabas hablando en esperanto, porque eso de *Do you have fire?* no tiene ningún sentido. En inglés de verdad, para pedir fuego, di **Do you have a light(er)?** y pronuncia **light** así: **/láit/** y **lighter** así: **/láita/**.

Do you have a light(er)?

#DontWorryBeGuapi

Mira, solo por intentarlo y por lo graciosas que son las rubieces que cometemos con el inglés, lo que nos merecemos es que los guiris nos respondan: **Of course, lovey!** (**¡Claro que sí, guapi!**), aunque no entiendan lo que les estamos pidiendo.

Mi amiga es una friki del cine.

Lo que dices: My friend is a cinema freak. 👎

Lo que significa lo que has dicho: Mi amiga es un monstruo de cine. 😍

Lo que deberías haber dicho: My friend is a film geek. 👍

Judas no era tan traidor si lo comparas con esas amigas que cuando hablan en inglés de ti te llaman monstruo. **Freak** significa **monstruo** o **bicho raro**, como esos que salen en los circos antiguos de las películas y, aunque a veces se puede usar con ese sentido de **alguien a quien le apasiona algo**, en algunos contextos puede llevar a confusiones. Por eso mejor que uses **geek /guíik/: My friend is a film geek.**

#ParaFrikisDelInglés

También puedes decir que **alguien es friki de algo** usando el verbo compuesto **to be into**, por ejemplo: **I'm really into** music. **My friend is really into** films. **La Vecina Rubia is really into** learning English.

La vecina rubia
@lavecinarubia

Yo creo que pronuncio tan mal el inglés como Carolina Herrera su propio nombre.

↩ 67   ⟲ 89   ♥ 245

Guiris que pronuncian su nombre regular

Que sí, que ya sabemos que cada uno puede pronunciar su nombre como le dé la gana. Pero es que nos da muchísima risa cómo suenan en inglés estos nombres de origen español, no podemos evitarlo. Hala, para que veas que ellos también la lían con la pronunciación:

Jennifer Lopez
/chénifa lóupes/

Eva Longoria
/ívvva langóoria/

Selena Gómez
/ssselína góumes/

Mariah Carey
/maráia kéri/

Benicio del Toro
/beníisssiou deil tórou/

49

¿Me da cinco carpetas rosas, por favor?

Lo que dices: Can I have five pink carpets, please? 👎

Lo que significa lo que has dicho: ¿Me da cinco moquetas rosas, por favor? 💀

Lo que deberías haber dicho: Can I have five pink folders, please? 👍

¿Pero dónde vas con tanta moqueta, muchacha? Es muy fácil confundirse, pero deberías saber que **carpet /káaapit/** no es *carpeta*, sino **moqueta** o **alfombra grande**, y que **carpeta** es **folder /fóulda/**. Por cierto, **alfombra pequeña** tampoco es *carpet* sino **rug /raag/**. Lo malo de esto es que ahora estás pensando en enmoquetar toda tu casa de rosa, ¿a que sí? Normal. Si es rosa y brilla, lo quieres, ¡aunque sea una moqueta!

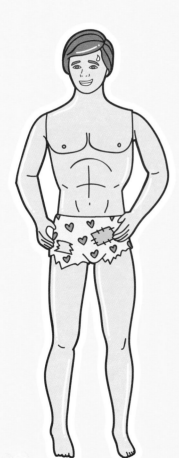

Me encantan sus pantalones rotos.

Lo que dices: I love his ripped pants. 👎

Lo que significa lo que has dicho (en inglés británico): Me encantan sus calzoncillos rotos. 💀

Lo que deberías haber dicho: I love his ripped trousers. 👍

Cuidadín con los **pants**. Si le dices esta frase a un americano, no pasa nada, porque para ellos **pants** son **pantalones**, pero si se lo dices a un chico británico… va a entender que te gustan sus calzoncillos rotos y va a ser todo un pelín incómodo. Recuerda:

· **pants /pantsss/ (calzoncillos)** 🇬🇧
· **pants /pantsss/ (pantalones)** 🇺🇸
· **trousers /tráusas/ (pantalones)** 🇬🇧

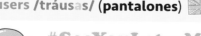

#SeeYouLaterMariCarmen
¡Comentar la ropa del chico que te gusta en inglés debería considerarse deporte de riesgo!

50

Me apetece algo dulce.

Lo que dices: I fancy something sweat. 👎

Lo que significa lo que has dicho: Me apetece algo sudor. 💀

Lo que deberías haber dicho: I fancy something sweet. 👍

Yuck! ¡Puaj! A ver, céntrate que esto es importante:

· sweat /sssuét/ (**sudor**)

· sweet /sssuíit/ (**dulce**)

Un solo sonido puede estropearte la merienda. Si no tienes cuidado, ¡pueden servirte un pie sudado!

#RepasarEsDeGuapas

¿Te acuerdas de lo que significa **fancy**? Lo vimos en la página 41. Si no te acuerdas bien de cómo se usa, ¡vuelve y repásalo!

Somos cuatro.

Lo que dices: We are four. 👎

Lo que significa lo que has dicho: Tenemos cuatro años. 💀

Lo que deberías haber dicho: There are four of us. 👍

Vale que a veces nuestra edad mental es la que es. Pero chica, esto ya es pasarse. En inglés, para decir cuántas personas somos, usamos la estructura **There are... of us**. Si dices: **We are four**, ¡se entiende que **tenéis cuatro años**!

#LoQueDigaLaRubia

El otro día quisimos ir al cine a ver una peli que era para más de 18, pero al final nos juntamos solo 17 y no fuimos.

Dormí con el pijama.

Lo que dices: I slept with my pyjamas. 👎

Lo que significa lo que has dicho: Le hice el amor a mi pijama. 💀

Lo que deberías haber dicho: I slept in my pyjamas. 👍

Esto... no nos vamos a poner a juzgar la vida amorosa de nadie, pero **I slept with my pyjamas** suena raro, raro. **To sleep with** normalmente implica **acostarse con alguien**, y no solo para dormir, ya nos entiendes. Si lo que quieres expresar es que has **dormido con el pijama puesto**, mejor usa la preposición **in**: I slept in my pyjamas.

#GramáticaParaRubias

¡Ojo! **Pyjamas** siempre se usa en plural. No existe *pyjama* en inglés, y el verbo también tiene que concordar: Where **are** my pyjamas? Por cierto, se pronuncia /pacháaamas/ y en inglés americano se escribe **pajamas**, con **"a"** en lugar de **"y"**. También se puede abreviar; hay mucha gente que dice simplemente **PJs**, pronunciado /píicheis/.

Fui a Italia en barco.

Lo que dices: I went to Italy by /shhhiip/. 👎

Lo que significa lo que has dicho: Fui a Italia en oveja. 💀

Lo que deberías haber dicho: I went to Italy by /shhhip/. 👍

Lo de las vocales cortas y largas en inglés es para precipitarse de la vida, ya lo sabemos, pero tienes que esforzarte para no decir cosas raras como que viajas en oveja. Escucha el audio y notarás la diferencia:

· ship /shhhip/ (**barco**)
· sheep /shhhiip/ (**oveja**)

#PronunciarBienEsDeGuapas

Unas cardan la lana y otras se llevan la fama. Intenta ser famosa por tu buena pronunciación y marca bien el sonido /shhh/ de **ship**.

Pasatiempo
Crossword!

Te proponemos un pasatiempo muy facilito (nos gusta más que "ejercicio") para que repases algunas cosas que has visto en este capítulo sin estresarte.

Completa este crucigrama tan cuqui, a ver si recuerdas todas las palabras. Si te sale sin ningún rubierror, ¡misión cumplida!

1

2 /bíiad/

3

7

4

5

6

8 /shhhiip/

9 /kóuk/

10

11 /shhhip/

12

13

14

15 /sssuét/

/sssuít/

#RubiConsejo
Fotocopia esta página. Así podrás hacer este pasatiempo todas las veces que quieras. :) #CuidarLosLibrosEsDeGuapas

53

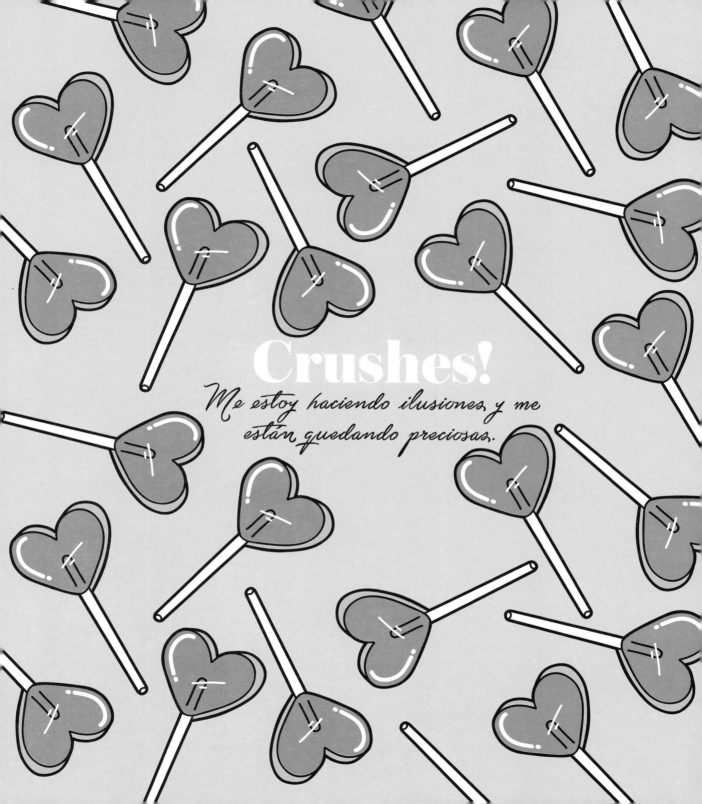

Crushes!

Me estoy haciendo ilusiones, y me están quedando preciosas.

El otro día La Vecina Rubia estaba, como casi siempre, pensando en el chico que le gusta y se dio cuenta de que no sabía cómo se decía "chico que me gusta" en inglés. Su profe de inglés le explicó que se usa **crush** para referirnos **a la persona que nos gusta**, sea chico o chica, sobre todo cuando es un amor de la adolescencia. Como las rubias vivimos todos los amores como si fueran el primero, a todos los llamamos **crushes** aunque ya peinemos canas en nuestro pelazo.

Crush viene de la expresión **to have a crush on somebody** (**estar colada** o **colado por alguien**). Por cierto, se pronuncia **/kraashhh/**, bajando la mandíbula hasta el pecho para lograr el sonido de **/aa/** y con una **/shhh/** fuerte al final, como si estuvieras diciéndole a tu **crush**:

Shh... Cállate y bésame hasta que sea bilingüe.

En este capítulo vas a aprender a hablar en inglés de:

♥ las películas que te montas cuando le escribes a tu **crush** y no te contesta;

♥ las cosas ridículas que haces cuando ves aparecer al chico o a la chica que te gusta;

♥ las conversaciones que tienes en tu cabeza mientras esperas a que te escriba;

♥ consejos para enamorarla o enamorarlo por WhatsApp.

¡Y muchas cosas más!

Overthinking Your Love Life

Las películas que nos montamos con la chica o el chico que nos gusta

Todas las rubias, independientemente de nuestro color de pelazo y nuestro género (sí chicos, vosotros también lo hacéis), nos montamos unas películas que ríete tú de las de Spielberg cuando escribimos a nuestro **crush** y no nos hace casito.

En inglés no existe una expresión literal para traducir **montarse películas**, pero sí tenemos el verbo **to overthink**, que se parece bastante.

Estas películas que nos montamos, en las que siempre salimos guapas, suelen tener estas seis partes:

#GramáticaParaRubias

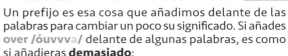

Un prefijo es esa cosa que añadimos delante de las palabras para cambiar un poco su significado. Si añades **over /óuvvva/** delante de algunas palabras, es como si añadieras **demasiado**:

pensar demasiado	**to overthink**
reaccionar de forma exagerada	**to overreact**
comer demasiado	**to overeat**
pegársete las sábanas	**to oversleep**
estar demasiado hecho (comida)	**to be overcooked**

When you build your hopes up
Cuando te haces ilusiones

Hacerte ilusiones en inglés se dice, literalmente, *construir arriba tus esperanzas*, **to build your hopes up /bild ióo hhhóupsssaap/**. Es lo que pasa cuando le mandas un mensaje a tu **crush** para quedar y unos segundos después te imaginas cómo será el día de vuestra boda.

When you overthink things
Cuando te montas la película

Esto es lo que pasa cuando ves que tu **crush** ha leído tu mensaje y no te contesta. Empiezas a **overthink /ouvvvazínk/** y a decir muchas frases que empiezan con **I'm sure he... /áim shhhúa hhhii/** que significa: **Seguro que [él]...** Por ejemplo: **I'm sure he's with his ex** (**Seguro que está con su ex**), **I'm sure he doesn't like me anymore** (**Seguro que ya no le gusto**), **I'm sure he doesn't even remember who I am** (**Seguro que ni se acuerda de quién soy**), etc.

Heeey! Do you wanna hang out?

When you try to calm down
Cuando intentas tranquilizarte

En esta fase de la película tus frases suelen empezar por **Calm down! He might...** /kaaam dáun hhhiimáit/ que significa: **¡Tranqui! Puede que [él]...** Por ejemplo: **Calm down! He might be busy** (**¡Tranqui! Puede que esté liado**), **Calm down! He might have run out of battery** (**¡Tranqui! Puede que se haya quedado sin batería**), **Calm down! He might answer any minute now** (**¡Tranqui! Seguro que contesta de un momento a otro**), etc.

When you freak out
Cuando pierdes los papeles

To freak out /friikáut/ es otra forma de decir **to overreact**, que, como ya sabes, significa **reaccionar de forma exagerada**. Aquí es cuando te metes en el grupo de chat de las amigas y empiezas a **ponerle verde**, o como decimos en inglés, literalmente *llamarlo por todos los nombres del libro*: **call him every name in the book**.

When you mope around the house
Cuando deambulas por tu casa como alma en pena

Y con el móvil en la mano por si te contesta, claro. Además de **to mope around the house** (**deambular** o **andar cabizbaja por tu casa**), te pones intensita y dices cosas un poco dramáticas como: **What am I going to do now?** (**¿Qué voy a hacer ahora?**) o **My life doesn't make sense anymore** (**Mi vida ya no tiene sentido**). Es que las rubias somos un poco **drama queens**, ¿qué le vamos a hacer?

Sure! What time?
Sorry, I was .

At last!
¡Por fin!

Al final te contesta y gritas: **At last!** Hala, se acabó el drama. En realidad solo han pasado cinco minutos desde que viste el doble tic azul, pero en tu cabeza... **it's been ages!** (**¡ha pasado un siglo!**)

#RepasarEs DeGuapas

En las películas que nos montamos cuando escribimos a nuestro *crush* y está "en línea", pero no nos contesta, siempre salimos guapísimas... ¿Te acuerdas de cómo se dice **salir guapa**? Lo vimos en la página 29.

Here Comes Your Crush, Act Normal!

Por ahí viene tu *crush*, ¡actúa normal!

Cuando ves aparecer a tu **crush, you can't act normal** (**no puedes actuar normal**) y es probable que acabes liándola. Así es como llamamos en inglés a algunas de esas cosas absurdas que hacemos cuando vemos que se acerca:

ponerte roja como un tomate	to turn bright red	/teen bráit red/
sacar pecho	to stick your boobs out	/ssstik ioo búubsaut/
meter barriga	to suck in your stomach	/sssáakin ióosss táamak/
reírte muy alto y de forma rara	to laugh loudly and awkwardly	/laaaf láudliand óokuadli/
empezar a sudar	to start sweating	/ssstaaat sssuétin(g)/
volverte muy torpe	to fumble	/faambl/
ponerte como un flan	to get jittery	/guet chítari/
hablar sin parar	to blabber	/blába/
hacer el ridículo	to make a fool of yourself	/méika fúulovvv ioosssélf/
tropezarte y caerte	to trip and fall	/trípandfool/

#Vocabulario ParaGuapas

En inglés hay una palabra que describe perfectamente este tipo de momentos **incómodos**: **awkward**. Aunque es muy útil, es tan incómodo escribirla como pronunciarla; decimos: /óokuad/.

#Blonde Expression

La Vecina Rubia, cuando le pasan este tipo de **awkward situations**, dice cosas como **Tierra, trágate a todos los que me han visto** o **Tierra, trágame y escúpeme en otro país y con otra identidad**, pero en inglés decimos: **Somebody please shoot me**, literalmente *Que alguien me dispare, por favor*, o **I just want to crawl under a rock and die**, literalmente *Solo me quiero meter debajo de una roca y morir*.

Fíjate en cómo se unen los sonidos. ¡Pronunciar bien es de guapas!

Conversations with Yourself about Your Crush

Las conversaciones que tienes contigo misma sobre tu *crush*

Cuando estamos **overthinking** todo el rato lo que le vamos a escribir a nuestro **crush**, las conversaciones con nosotras mismas son un clásico. Y quien diga que no, miente. Aquí tienes una tipiquísima conversación traducida al inglés. Fíjate en que **No pienso hacer...** se dice **There's no way I'm going to...** aunque normalmente acortamos **going to** a **gonna /gáana/** y decimos **There's no way I'm gonna...**:

La vecina rubia
@lavecinarubia

Yo: No pienso escribirle al chico que me gusta hasta que no me escriba él a mí.

Mi mente: ¡Claro que sí, guapi!

Mi corazón: Borra el teléfono.

Yo: Escribiendo...

↩ 92   ⇄ 71   ♥ 602

The Blonde Neighbour
@theblondeneighbour

Me: There's no way I'm gonna text my crush until he texts me first.

My mind: Of course, lovey!

My heart: Delete his number.

Me: Typing...

↩ 92   ⇄ 71   ♥ 602

Normal, si es que la espera es lo peor y al final una no puede resistirse. Hablando de la espera, ¿sabías que el verbo **esperar** se puede decir de tres formas diferentes en inglés? Pues ya lo sabes: **to wait for /uéit foo/, to hope /hhhóup/** y **to expect /ikssspékt/**. Pero ¡ojo!, ¡porque no significan lo mismo! Mira:

to wait for = esperar con el cuerpo
(físicamente, en un lugar)

I'm **waiting for** you in the bar.
Te estoy esperando en el bar.

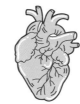

to hope = esperar con el corazón
(tener esperanza e ilusiones preciosas porque algo pase)

I **hope** he asks me out!
¡Espero que me pida salir!

to expect = esperar con el cerebro
(porque hemos sacado una conclusión)

I **expect** you to text me first.
Espero que me escribas tú primero.

#ParaFrikisDelInglés

¡Rápido! Traduce esto sin pensar: **Espero que no estés esperando que te espere.** Ahora dale la vuelta al libro para saber si lo has dicho bien.

I hope you're not expecting me to wait for you.

10 Blondie Tips to Win Your Crush's Heart... over WhatsApp!

10 rubiconsejos para enamorar a tu *crush*... ¡por WhatsApp!

El truqui de la profe de inglés de La Vecina Rubia

Intenta leer estos consejos en inglés sin mirar las traducciones. A ver cuánto puedes entender por el contexto. Luego, tapa las frases en inglés e intenta traducir las frases en español en voz alta tantas veces como necesites hasta que te salga **perfect**.

1

Always text without spelling or grammar mistakes, even in English!

Escribe siempre sin faltas de ortografía y sin errores gramaticales, ¡incluso en inglés!

#EscribirBienEsDeGuapas

---

lame /léim/ (soso, aburrido)

2

Never ever leave the "Hey there! I am using WhatsApp!" status. It's **lame**. Find something fun that represents you. For instance, La Vecina Rubia's status is "I'm blonde".

Nunca jamás dejes el estado "¡Hola! Estoy usando WhatsApp!". Queda **soso**. Busca algo divertido que te represente. Por ejemplo, La Vecina Rubia tiene puesto "Soy rubia".

---

to be allowed to /bii aláud tuu/ (tener permiso para)

3

Blondes **are allowed to** use those nice flower icons. Put them next to your name so that people can see them on their screen when you text them.

En rubias **está permitido** usar esos iconos bonitos de flores. Ponlos al lado de tu nombre para que la gente los vea en pantalla cuando les escribas.

4

Use emojis, but don't overdo it. Now that we have blonde emojis we can finally express ourselves naturally.

Utiliza los emoticonos, pero no te pases. Ahora que tenemos emojis rubias, por fin podemos expresarnos con naturalidad.

to tease /tiis/
(picar, chinchar)

Every time you write an ironic line to **tease** your crush, soften it with the wink emoji. He's going to be annoyed anyway but "it's a joke". ;)

Siempre que escribas una frase irónica para **picar** a tu *crush*, suavízala con el emoji del guiñito. Le va a fastidiar igual, pero "es broma". ;)

to check out /chekáut/
(cotillear)

Let's face it. We all compulsively check their last connection and **check out** their pic, but don't let them notice! Be careful and don't press the call button!

No nos engañemos, todas y todos miramos compulsivamente su última conexión y **cotilleamos** su foto, pero ¡que no se note! ¡Ten cuidado de no apretar el botón de la llamada!

¿Te has fijado en que usamos siempre **them**, **they** y **their** en plural? Hacemos esto cuando no queremos especificar el género de la persona de la que hablamos.

to feel like /fíilaik/ (apetecer)

Ask **them** questions to keep them hooked. They'll understand you're asking a lot of questions, you're blonde!

Hazle muchas preguntas para mantenerle enganchado o enganchada. Entenderá que hagas muchas preguntas, ¡eres rubia!

Let them be the last to text. That way you'll have an excuse to begin the next conversation. And besides, it's OK to take the initiative if you **feel like** it!

Deja que el último mensaje lo ponga él o ella. Así tienes excusa para ser tú quien inicie la siguiente conversación. Además, ¡no pasa nada por tomar la iniciativa si te **apetece**!

If you don't feel like texting back, **make up** a funny excuse or send them a heart emoji to let them know you're there even if you're busy.

Si no te apetece contestarle, **invéntate** una excusa graciosa o mándale un emoji de corazón para que sepa que estás ahí aunque estés liada.

Take screenshots to discuss the conversation with your girlfriends and let them help you do better next time.

Haz capturas de pantalla para comentar la conversación con tus amigas y déjalas que te ayuden a hacerlo mejor la próxima vez.

Make up aquí no significa *maquillaje*, sino **inventar**. Aquí tienes un par de excusas graciosas que suele usar La Vecina Rubia: **It's just that I was giving my fish a bath** (Es que estaba bañando a mi pez), **I'll text you later, I left my phone at home** (Luego te escribo, que me he dejado el móvil en casa).

¡Ojo! Cualquier excusa que comience con un **You're not going to believe this but...** (No te lo vas a creer, pero...) suma un 75 % de credibilidad.

Flirting with Blondes

Ligando con rubias (que no tienen un pelo de tontas)

Va dirigido especialmente para los chicos: **Don't be a pain in the neck!** Eso de "quien la sigue la consigue" es mentira. Con una vez que tu **crush** te diga que no, haz como Elsa de *Frozen* y **let it goooo!**

Y ten cuidadito con nosotras: las rubias somos expertas en trolear a los pesados sin despeinarnos siquiera. Aquí tienes un ejemplo:

#Blonde Expression

To be a pain in the neck significa literalmente *ser un dolor en el cuello*, pero lo traducimos como **ser cansino** o **cansina**.

Blondie! Give me your Facebook.

¡Rubia! Dame tu Facebook.

Sorry, I don't have it on me. Facebook's too big to fit in my bag!

Lo siento, no lo llevo encima. ¡El Facebook no me cabe en el bolso!

#DontWorryBeGuapi

Seas chico o chica, si no ligas por la noche, no pasa absolutamente nada. Deja vivir a la gente, no te enfades y recuerda:

No puedes gustarle a todo el mundo, no eres una croqueta.	You can't get everybody to like you, you're not a croquette.

Pasatiempo

The Love Word Search

Te proponemos un pasatiempo muy facilito (nos gusta más que "ejercicio") para que repases algunas cosas que has visto en este capítulo sin estresarte.

A ver si encuentras todas las palabras que hemos escondido para ti en nuestra sopa de letras del amor. Son estas:

Good luck, guapi!

crush	awkward
overthink	hope
overreact	expect
freak out	wait for
fumble	lame
blabber	check out
trip over	pain in the neck

Cuidado, ¡algunas palabras están al revés!

```
           F                    F K
     I Z F A F E P          A O C K V A
   C C R E H T O Y N      A V E C I T S E
   E Q B C E X P E C T C E N F C P A I L
   H R Q F E H B V R R F R E A K O U T R B V
   O E E B L A B B E R R H R E T E L H I M F
   P P D P A P E R O F T I A W H P O U S U A
   E G O I M G P G G N Y P P G Q G C S A F T
   I O V E R T H I N K S G I O I A S I F
   A B I A I N C H E C K O U T D A A I
   N Q A N I N N V A E H N T I U O N
   D N A N D T C A E R R E V O D
   P A A W K W A R D A C S H
   N A R E V O P I R T N
     D P T N Q U I U
     L M U S U L
       P H I L
         O
```

#RubiConsejo
Fotocopia esta página. Así podrás hacer este pasatiempo todas las veces que quieras. :) #CuidarLosLibrosEsDeGuapas

Outfits out of Our League

Porque cuando vas de compras con dinero no te gusta nada, pero cuando no tienes ni un euro te comprarías hasta los maniquís.

El otro día La Vecina Rubia se fue a hacer **window-shopping**, es decir, **a mirar escaparates**, y vio muchas cosas que le gustaron, pero que no se pudo comprar porque eran **too expensive** (**demasiado caras**) y estaban **out of her league** (**por encima de sus posibilidades**).

Como nos ponemos un poco tristes cuando hablamos de las cosas que no nos podemos comprar, mejor vamos a hablar de algo más divertido: las prendas que nos parecen un poco estrambóticas y que nos hacen pensar en **hashtags** como #AmancioCéntrate y #MeBajoDeLaVida.

En este capítulo vas a aprender:

- ♥ a decir cosas infames como sandalias con calcetines o complementos con pompones en inglés;

- ♥ a describir distintos tipos de estampados en inglés, unos más chonis que otros;

- ♥ de dónde viene lo de llamar **chokers** a las **gargantillas** de los 90;

- ♥ cositas sobre el ciclo de la moda y cómo se llaman sus fases en inglés.

¡Y muchas cosas más!

#Disclaimer!

Aunque en este capítulo hemos sido un poco **bitchy** (**con mala leche**) al dar nuestra opinión sobre algunos **outfits** (**modelitos**) que nosotras no nos pondríamos, todo nuestro respeto a todas las que os ponéis sandalias con calcetines, pompones, medias de rejilla y cualquier cosa que os guste. **Don't let anyone tell you who to be and what to wear** (**No dejes que nadie te diga quién tienes que ser ni qué tienes que ponerte**).

Socks and Sandals
Sandalias con calcetines

No, no hablamos de las **socks and sandals** que se calzan los guiris nada más pisar Torremolinos. Hablamos de las que se ponen las blogueras.

Vamos a ver algunos tipos de sandalias en inglés. Los tipos de calcetines y medias te los enseñamos en la página 70 porque nos duele un poco mezclarlos:

cuñas	wedges	/uéchis/
sandalias de plataforma	platform sandals	/plátfoom sssandls/
sandalias planas	flat sandals	/flat sssandls/
sandalias de tacón alto	heeled sandals	/hhhiild sssandls/
sandalias de punta abierta	peep toe sandals	/píiptou sssandls/
cangrejeras	jelly shoes	/chéli shhhuus/
sandalias romanas	gladiator sandals	/gladiéita sssandls/
chanclas	flip-flops, thongs	/flípflopsss/ /zon(g)s/
zapatos con el talón descubierto	slingbacks	/ssslín(g)baksss/
zuecos	clogs	/klogs/

Las blogueras siempre llaman a las sandalias por su nombre inglés, porque queda mucho mejor decir **peep toe** que *asomadedos*.

¡Ojo! Como ya viste en la página 47, **thongs** también significa **tangas**.

El dinero no da la felicidad, pero preferiría llorar mientras ordeno las 700 sandalias del vestidor del ala este de mi mansión. Y ningunas me las voy a poner con calcetines.

Accessories with Pom-Poms
Complementos con pompones

Vamos por partes. Primero, existen dos formas de decir **complemento** en inglés: **complement** y **accessory**, aunque en moda se usa la segunda. Lo que no significa *complemento* es **compliment**; es un **false friend** y significa **piropo** o **cumplido**.

Y segundo, ya que estamos hablando de **pompones** o **pom-poms** en inglés, marcando bien esa **"m"** al final, vamos a ver unas cuantas formas de decir **hortera** o **cursi** en la lengua de Shakespeare, con sus distintos usos y matices.

Para ropa y estilo en general:

chabacano, hortera	tacky	/táki/
hortera, recargado	kitschy	/kíchi/
estridente, chillón	garish	/guéarishhh/

¿Y cómo sería lo contrario de hortera? En inglés decimos **stylish** /ssstáilishhh/ (**con estilo**), **elegant** /éligant/ (**elegante**), **smart** /sssmaaat/ (**elegante**), **classy** /kláaasssi/ (**con clase**) o **fancy** /fánsssi/ (**sofisticado**).

Para personalidad:

cursi en plan cuqui	twee	/tuíi/

Para situaciones, películas, fotos...:

cursi, pasteloso	🇬🇧 cheesy	/chíisi/
cursi, pasteloso	🇺🇸 corny	/kóoni/

#Blonde Expression

A must-have es **una prenda imprescindible**, de esas que, según las blogueras, tienes que tener sí o sí. La Vecina Rubia dice que los pompones son **"a mustn't-have"** y, aunque no se usa mucho en el inglés del mundo de la moda, nos hacía gracia contártelo.

Animal Print
Estampados salvajes

Dicen que hay que usarlos con moderación. Confesémoslo, ¿quién no ha tenido prendas de estampados salvajes?

Es importante que sepas que colocamos animal print, pronunciado /ániml print/, delante de la prenda en cuestión para decir un **lo-que-sea de estampado salvaje**: **an animal print jacket**, **an animal print skirt**, **an animal print coat**, etc. Algo de esto has tenido seguro, y puede que todavía te lo pongas.

En cualquier caso siempre es preferible llevar algo de animal print que llevar un animal muerto encima. Aquí te contamos cómo se dicen en inglés todos los tipos de animal print que se nos han ocurrido:

estampado de leopardo	leopard print	/lépad print/
estampado de guepardo	cheetah print	/chíita print/
estampado de cebra	zebra print	/sébra print/
estampado de tigre	tiger print	/táiga print/
estampado de hiena moteada	spotted hyena print	/ssspótid hhhai-íina print/
estampado de cocodrilo	crocodile print	/krókadail print/
estampado de jirafa	giraffe print	/charáaaf print/
estampado de serpiente	snake print	/sssnéik print/
estampado de dálmata	dalmatian print	/dalméishhhn print/

#ParaFrikisDelInglés

Dicen que la delgada línea que separa a una choni de una **runner** es el animal print... Pero mira, tú haz lo que quieras. Si te sientes choni y quieres ser choni, ¡sé choni! La gente increíble es lo que quiere ser. Por cierto, traducir **choni** al inglés es complicado, porque es un concepto muy español, pero aquí tienes algunos equivalentes:

trashy /tráshhhi/ ⟶ inglés neutro ⟶ **She's a bit trashy.**
ghetto /guétou/ ⟶ inglés americano ⟶ **She's a bit ghetto.**
chav /chavvv/ ⟶ inglés británico ⟶ **She's a bit of a chav.**

#RubiConsejo
Si no quieres que te confundan con una Spice Girl, no mezcles la ropa fosforita y el animal print.

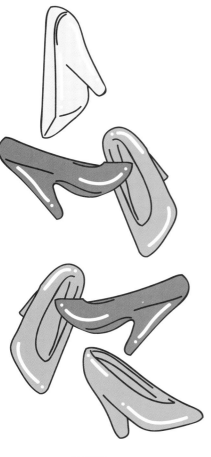

La vecina rubia
@lavecinarubia

–Hola, quería estos zapatos.
–Dígame su número.
–¡Oh! 651862...
–¡No! ¡Número de zapatos!
–¡Ah! Quiero dos.
–Por favor, atiende tú a la rubia.

 73   145   ♥ 279

What's Your Shoe Size?

¿Hay una voz en tu cabeza que te dice que la vida es demasiado corta como para no comprarte esos zapatos? Es normal, esa misma voz está en la cabeza de muchas rubias. Si le vas a hacer caso y te los vas a comprar, ¡cómpratelos de tu número, guapi! ¿Y cómo se pide el número de pie en inglés? Bueno, supongamos que tienes un 37*. Dirías:

Size 4, please.

Can I have these in a size 4?

I'm a 4.

I'm a size 4.

*¡Ojo! Las tallas de zapatos varían según el país. Un 37 en España es una talla 4 en el Reino Unido y un 6½ en Estados Unidos. Encima no es lo mismo un 37 de chicos que un 37 de chicas, ni en el Reino Unido ni en Estados Unidos. ¡Míralo bien cuando compres zapatos guiris!

Fishnet Stockings
Medias de rejilla

No nos podíamos olvidar, por supuestísimo, de las medias de rejilla. Hay quien las considera **fancy**, otros simplemente creen que son **kitschy** y algunas estamos convencidas de que son **totally tacky**. Sea como sea, lo importante ahora mismo es que sepas que en inglés se llaman **fishnet stockings**, pronunciado **/físhhhnet ssstókin(g)s/**, y vienen de **fishnet**, es decir, **red para atrapar peces**. Ahí lo dejamos.

Con eso de cómo se llaman las medias según por donde nos llegan, hasta en español nos hacemos un lío. Así que vamos a aclararlo de una vez por todas:

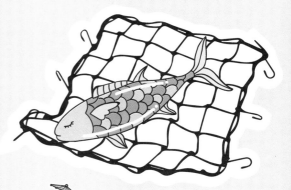

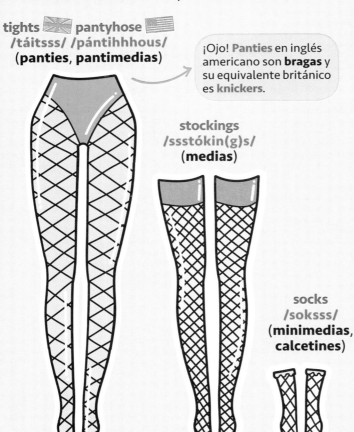

tights 🇬🇧 pantyhose 🇺🇸
/táitsss/ /pántihhhous/
(**panties**, **pantimedias**)

¡Ojo! **Panties** en inglés americano son **bragas** y su equivalente británico es **knickers**.

stockings
/ssstókin(g)s/
(**medias**)

socks
/soksss/
(**minimedias**,
calcetines)

#DontWorry BeGuapi

Para contarle al personal de las tiendas qué talla tienes, di: **I'm a ___.** Eso de que los diseñadores se hagan un lío con las tallas pasa en todo el mundo. ¡Si es que no se centran! Tú ni caso. #DontWorryBeGuapi: tener una talla diferente en cada tienda es de guapas.

#LoQueDiga LaRubia

Fishnet stockings should have a schedule. Like drinking alcohol; at night it's alright but at 8 a.m. it's weird.

Las medias de rejilla deberían tener un horario; como el alcohol, que por la noche está bien, pero a las 8 de la mañana es raro.

The Choker Comeback
El retorno de los *chokers*

Los viste por todas partes la temporada pasada y puede que hasta tengas alguno. Independientemente de que nos gusten o no, **chokers are a freaking plague!** (**¡los *chokers* son una maldita plaga!**)

Aunque, como pasa con todo en el mundo de la moda, les llegará su hora y luego serán un **comeback** otra vez y así *ad infinitum*. Y es que nada ni nadie puede escapar del inexorable ciclo de la moda, que funciona más o menos así:

to be in
estar de moda

to be all the rage
ser la última moda

to go out of fashion
pasar de moda

to be worn ironically by hipsters because "it's cool"
que los hipsters lo lleven de forma irónica porque "es guay"

to be kind of vintage
ser un poco vintage

to make a comeback
volver a estar de moda

to become mainstream
convertirse en mainstream

¡Y vuelta a empezar!

#PronunciarBien EsDeGuapas

Los **chokers** se llaman así porque vienen del verbo **to choke /chóuk/** (**ahogarse**, **atragantarse**). **Choker** se pronuncia **/chóuka/** y no /chókerrr/. Para eso, mejor que digas **gargantilla** y ya está.

Those of us who don't wear chokers are the resistance!

¡Las que no llevamos chokers, somos la resistencia!

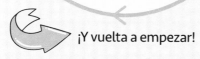

The Camo Print, Pink Fur-Hooded Coat

El abrigo de camuflaje con capucha de peluche rosa

Con esto se han pasado, sí. **¿No creéis que el** camo print, pink fur hooded coat **es un poco demasiado?** Don't you think it's a little bit over the top? Bueno, al menos te sirve para aprender la expresión **over the top**, que, a partir de ahora, asociarás siempre con este tipo de abrigos y ya no olvidarás jamás.

Pero let's focus (**centrémonos**) en todo lo que lleva esta prenda. Aunque los que deberían centrarse son los que la han diseñado, porque dan ganas de ponerle un **hashtag** gigante al abrigo que diga: #DesignersStayFocused

pink fur /pink fee/
Da igual del color que sea, **fur**, pronunciado **/fee/**, se refiere al **pelo de los animales**. Si es **pelo sintético**, se llama **faux fur /fóu fee/** o **fun fur /fan fee/**, literalmente *pelo divertido*. ¡Mucho más divertido que matar animalitos inocentes, desde luego!

hooded coat /hhhúudid kóut/
Hooded significa **con capucha**, y viene de **hood** que significa... ¡claro!, **capucha**. Además de **hooded coats** puede haber **hooded jackets** (**chaquetas con capucha**) y **hooded sweatshirts**, también conocidas como **hoodies** (**sudaderas con capucha**).

camo print /kámou print/
Camo viene de **camouflage /kámaflaaashhh/** y lo llamamos así porque suena mucho más *cool*.

dress to kill (**ir divina de la muerte**)

It's OK to **dress to kill**, but you don't need to **kill to dress**.

No pasa nada por ir divina de la muerte, pero no hace falta matar para que te vistas.

#ComprarPielesNoEsDeGuapas

Pasatiempo
Paper Cut-Out Doll!

Te proponemos un pasatiempo muy facilito (nos gusta más que "ejercicio") para que repases algunas cosas que has visto en este capítulo sin estresarte.

Paper cut-out dolls have made a comeback! (**¡Los recortables vuelven a estar de moda!**) Para hacer este pasatiempo tienes que acordarte del vocabulario de las prendas que has visto en este capítulo y rellenar los huecos con ellas. ¡Y luego a jugar!

Una prenda de vestir en inglés es **a garment**. **Clothes** es **ropa** en general y solo se usa en plural; no se puede decir *a clothe*, pero sí **an item of clothing**.

El truqui de la profe de inglés de La Vecina Rubia

Para practicar en voz alta, juega a los recortables con tus amigas, tus hijos, el chico o la chica que te gusta o quien tú quieras. Usa la estructura **Can I borrow your...?** (**¿Me prestas tu...?**) con todas las prendas que has aprendido en este capítulo. ¡Verás qué diver!

#RubiConsejo
Fotocopia esta página. Así podrás hacer este pasatiempo todas las veces que quieras. :) #CuidarLosLibrosEsDeGuapas

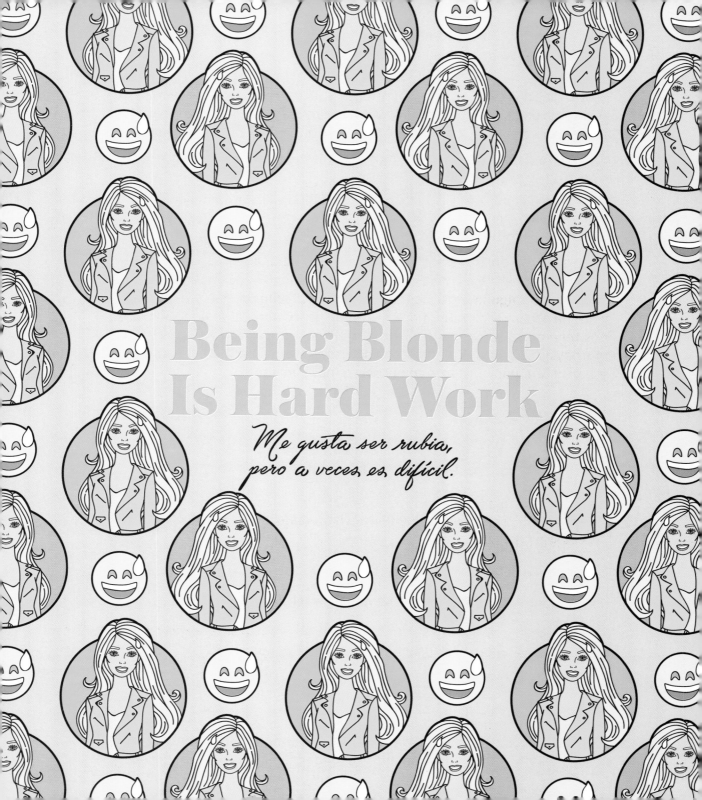

Being Blonde
Is Hard Work

*Me gusta ser rubia,
pero a veces es difícil.*

El otro día La Vecina Rubia llegó tardísimo a su clase de inglés. Se perdió, y encima no podía aparcar. Además, no pudo avisar a su profe porque el móvil se le perdió tres veces dentro del bolso mientras iba de camino. Por si eso fuera poco, se tropezó en las escaleras, y eso que no iba piripi ni nada.

Ser rubia no siempre es fácil.

Sometimes being blonde is hard work*.

Y es que las rubias, también las que estáis atrapadas en cuerpos de morenas, de pelirrojas, y hasta de hombres, la liamos de vez en cuando. Pero, aunque alguna gente nos ha machacado mucho por nuestros errores y nos ha hecho sentir muy idiotas por ello, hemos aprendido la lección: no nos tenemos que avergonzar de nuestras rubieces. Ni mucho menos. Lo que hay que hacer en estos casos es decirse a una misma: **Don't worry, be guapi**, y tirar para adelante con el pelazo por bandera.

En este capítulo vas a aprender:

♥ a entender las indicaciones en inglés para llegar a los sitios, aunque luego no les hagas caso y te pierdas igual;

♥ una frase muy cuqui que te vendrá muy bien todas esas veces que llegues tarde;

♥ que las rubias podemos tener el pelazo de muchos colores;

♥ cómo hablar en inglés de tus proezas aparcando.

¡Y muchas cosas más!

*Decimos que algo es hard work para indicar que es **duro** o **difícil** y se pronuncia /hhhaaad uéek/.

Us Blondes Get Lost
Las rubias nos perdemos

A algunas rubias, al nacer, nos cambian el sentido de la orientación por el sentido del humor. Y eso no es malo, porque cualquiera puede ir con el GPS en el móvil, pero para tomarse las cosas con sentido del humor hay que tener pelazo.

De todas formas, si te peleas con tu GPS porque te dice que gires a la izquierda y tú no sabes si se refiere a su izquierda o a la tuya, siempre te queda la opción de preguntarle a alguien que te encuentres por ahí. Y si ese alguien es un guiri, tendrás que saber pedir y entender las **directions** (**indicaciones**) en inglés. Por eso deberías aprenderte esto:

Disculpe, ¿cómo llego al museo?	**Excuse me, how do I get to the museum?**
Disculpe, ¿a qué distancia está el museo?	**Excuse me, how far is it to the museum?**
Es por aquí/allí.	**It's this/that way.**
Coge esta/aquella calle.	**Take this/that street.**
Gira a la izquierda/derecha.	**Turn left/right.**
Ve todo recto.	**Go straight ahead.**
Coge la primera a la izquierda/derecha.	**Take the first on the left/right.**
Pasa por delante del supermercado.	**Go past the supermarket.**
Sigue unos cien metros.	**Keep going for about a hundred metres.**
Está justo ahí, enfrente de la estación de metro.	**It's right there, opposite the metro station.**

El truqui de la profe de inglés de La Vecina Rubia

Ponte el GPS en inglés siempre que puedas. Perderte te vas a perder igual, ¡pero por lo menos estás practicando el **listening**!

#Blonde Expression

Cuando a las rubias nos mandan a freír espárragos, contestamos que no sabemos llegar sin GPS. ¿Cómo se manda a la gente a **freír espárragos** o a otros sitios más feos en inglés? Puedes decir: **Take a hike!**, **Get lost!** o, si quieres ser más directa: **Go to hell!**

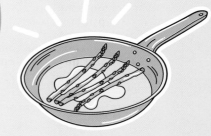

Us Blondes Are Late

Las rubias llegamos tarde

Si tú me dices ven, yo llego tarde.

Llegar tarde en inglés es un estado porque decimos: **to be late**, literalmente *estar tarde*. Para algunas tiene mucho sentido, porque por mucho que nos esforcemos para evitarlo, lo nuestro es un estado vital y no tiene remedio.

Lo mejor es asumirlo, aprender a vivir con ello, y claro, avisar a quien te está esperando. Para ello, puedes usar esta frase: **Sorry, I'm not going to be able to make it on time** (**Lo siento, no voy a poder llegar a tiempo**). ¡Frase de nivelazo! Vamos a explicarla por partes, con un poco de #GramáticaParaRubias:

Sorry,

Esto es fácil:
sorry = **lo siento**
Ante todo seamos educadas y disculpémonos, que la educación es como el pelazo: si se tiene, se nota.

I'm not going to...

A veces, cuando no puedes hacer algo, dices **no voy a poder** en lugar de **no puedo** para suavizar, ¿verdad? Pues en inglés es igual. Por eso usamos **going to**, que se refiere a lo que **va a pasar** en el futuro.

be able to...

Aquí usamos **be able to**, que significa lo mismo que **can** (**poder**). Lo que pasa es que **can** jamás puede ir con *to*, porque es incorrecto. No decimos ni *I can to...* ni *I'm not going to can...* Lo correcto es: **I'm not going to be able to...**

make it...

Esta es una forma muy natural de decir **llegar** o **conseguirlo** cuando es algo que conlleva cierto esfuerzo. Eso sí, tienes que decirlo como una sola palabra y no puedes omitir el **it**: /méikit/.

on time.

Así decimos **puntual**, literalmente *en tiempo*. Parece fácil, ¿verdad? Pues que sepas que también se dice **in time** y que significa otra cosa diferente. No te bajes todavía de la vida; sigue leyendo.

¿Ein?

In time es **con tiempo suficiente** y suele ir seguido de **to** + la cosa para la que tenemos tiempo suficiente. Por ejemplo: *I arrived in time to have a coffee before the meeting* (**Llegué con tiempo para tomarme un café antes de la reunión**). Por otra parte, si simplemente quieres decir que llegas **puntual**, usa siempre **on time**.

#Rubi Consejo

Si quieres una excusa muy rubia para cuando llegues tarde, di: **I was giving my fish a bath** (**Estaba bañando a mi pez**). Nadie se lo va a creer, pero por lo menos se reirán un rato.

La vecina rubia
@lavecinarubia

Hay tantas rubias atrapadas en cuerpos de morenas que creo que debería existir el término "morena platino" para sentirnos todas rubias igual.

 520   314   678

Being Blonde Is a State of Mind

Ser rubia es un estado de ánimo

Ser rubia es un **estado de ánimo**, a state of mind /assstéitof máind/, claro que sí. A estas alturas ya ha quedado muy claro: para ser rubia, no importa si eres hombre o mujer, ni tampoco el color de tu pelo. Por eso hay señores rubias, rubias rapadas, y rubias con el pelo de todos los colores. Aunque tu alma sea rubia, vamos a ver cómo se dice el color de tu pelo en inglés:

blonde, blond
/blond/
rubia, rubio

a blonde
/a blond/
una rubia

red-haired
/red hhhéad/
o
auburn
/óoban/
pelirroja
o **pelirrojo**

brown-haired
/bráun hhhéad/
castaña
o **castaño**

dark-haired
/dáaak hhhéad/
morena o **moreno**

black-haired
/blak hhhéad/
muy morena
o **moreno**
(de pelo negro)

blue-haired
/bluu hhhéad/
pink-haired
/pink hhhéad/
etc.
peliazul,
pelirrosa, etc.

Us Blondes Lose Stuff
Las rubias perdemos cosas

Todo el rato estamos perdiendo cosas para luego encontrarlas a los cinco minutos. Perder cosas es de guapas. Tú piensa en lo contenta que te pones cuando te llamas al móvil desde el fijo porque no lo encuentras y luego ves que tienes una llamada perdida.

Sin duda, el sitio donde más cosas perdemos las rubias es dentro de nuestros propios **bolsos**, que en inglés se llaman **handbags** /hhhándbags/, o simplemente **bags** /bags/. Algunas de las cosas que se nos pueden perder dentro de esas pequeñas puertas a Narnia que llevamos colgadas del hombro son:

lipstick
/lípssstik/
pintalabios

chewing gum
/chúuingaam/
chicle

tampons
/támpons/
tampones

lighter
/láita/
mechero

pen
/pen/
boli

money
/máanii/
dinero

earrings
/íarings/
pendientes

keys
/kíis/
llaves

expired ibuprofen
/iksssspáiad
aibiuupróufen/
ibuprofeno caducado

tangled headphones
/tángld hhhédfouns/
auriculares enredados

four metro tickets
/foo métrou tíkitsss/
cuatro tickets de metro

#Rubi Homework

La próxima vez que vacíes tu **handbag** para buscar algo, di en voz alta en inglés cada una de las cosas que saques para repasarlas.

#RepasarEs DeGuapas

#SeeYouLaterMariCarmen

En inglés hay dos palabras para decir **perder**:

· **to lose** /luus/
- objetos: I've **lost** my keys (**He perdido mis llaves**)
- personas: I'm **lost** (**Estoy perdida**)

· **to miss** /misss/
- medios de transporte: I **missed** the train (**Perdí el tren**)
- eventos o acontecimientos: I **missed** the concert (**Me perdí el concierto**)
- y también significa echar de menos: I **miss** you (**Te echo de menos**)

Us Blondes **Find Parking** Very Difficult

Así decimos que **algo nos cuesta**: to find something difficult o to find something hard.

A las rubias nos cuesta aparcar

Aunque a algunas rubias se nos da bien, aparcar es todavía más difícil que ser rubia. La Vecina Rubia lo sabe muy bien porque pasa mucho tiempo aparcando. Tanto que ha reflexionado sobre ello largo y tendido. Aquí te dejamos algunos de esos parking issues /páaakin(g) íshhhuus/ (**problemitas aparcando**) que se le pasan por la cabeza cuando tiene que estacionar su vehículo:

Turning the music down to park better is **something we beauties do**.

Bajar la música para aparcar mejor **es de guapas**.

Sí, lo reconocemos, en inglés se pierde toda la gracia. La construcción **es de guapas** no se puede traducir literalmente. ¡En ningún caso digas *is of pretties!* Si hubiese una vecina rubia guiri, diría algo parecido a is something we beauties do para expresar **es de guapas**.

They say love makes you **suffer**, but I suffer even more when I have to park next to a motorbike.

Dicen que el amor te hace **sufrir**, pero yo sufro aún más cuando tengo que aparcar al lado de una moto.

Se pronuncia /sssáafa/ bajando la mandíbula hacia el pecho para que te salga el sonido /aa/. #PronunciarBienEsDeGuapas

3

Some people say they want to find themselves. I settle for finding my car when I leave it in a **car park**.

Alguna gente dice que se quiere encontrar a sí misma. Yo con encontrar mi coche cuando lo dejo en un **parking me conformo**.

To settle for /sssetl foo/ significa **conformarse** o **contentarse con algo** y, si va seguido de un verbo, este tiene que acabar en **-ing**.

¡Ojo! Aunque suena a inglés, *a parking* no existe en la lengua de Shakespeare. Para referirnos al **parking** decimos **car park /kaaa paaak/** en inglés británico y **parking lot /páaakin(g) lot/** en inglés americano.

Rozar las columnas en este sentido sería **to scrape against the columns**, pero lo hemos traducido como **to be too close to** para que el chiste tenga gracia, porque **rozar la perfección** es **to be close to being perfect**.

¡La **"n"** de **column** es muda! Se pronuncia **/kólam/**.

I'm close to being perfect and too close to the columns when I park.

Rozo la perfección y las columnas de los parkings cuando aparco.

To figure out /fíga áut/ significa **averiguar**. Fíjate en que la traducción aquí no es literal, pero suena mucho más natural así en inglés, de la misma forma que *No puedo averiguar si el embrague está a la izquierda o a la derecha* suena raro en español.

clutch /klaach/ (**embrague**)
gas pedal /gasss pedl/ (**acelerador**)
brake /bréik/ (**freno**)

5

I can't figure out if the **clutch** is on the left or on the right if I'm not in the car with my feet on the pedals.

Soy incapaz de saber si el **embrague** está a la izquierda o a la derecha sin estar en el coche con los pies en los pedales.

6

I bought a selfie stick to insert my parking tickets into the machines and leave the car parks with dignity.

Me he comprado un paloselfi para meter el ticket en las máquinas y salir de los parkings con dignidad.

Us Blondes Trip over
Las rubias nos tropezamos

In defence of alcohol, I'll say I also trip over when I'm sober.

En defensa del alcohol diré que también me tropiezo estando serena.

No es una metáfora, aunque podría serlo. Estamos hablando de tropiezos literales. Y sí, las rubias nos tropezamos mucho aunque no vayamos tipsy, e incluso aunque no llevemos heels.

Hablando de tropezarse, se ve que los guiris también son rubias y se tropiezan mucho, porque hay varias formas de decir **tropezar** en inglés con diferentes matices ¡y casi todas son phrasal verbs! Mira:

tropezarte con algo que está debajo de ti	to trip over	/tripóuvvva/
	to stumble over	/ssstáambl óuvvva/
tropezarte con algo que está delante de ti	to bump into (something)	/baampíntu/
	to stumble into (something)	/ssstáambl íntu/
tropezarte con alguien, también en el sentido de "encontrarte con alguien"	to bump into (someone)	/baampíntu/
	to run into (someone)	/raaníntu/
	to come across (someone)	/kaamakrósss/
	to walk into (someone)	/uookíntu/

#Blonde Expression

Sí, las rubias tropezamos dos veces con la misma piedra, pero es porque vamos mirando los escaparates. Aunque puede que te entiendan perfectamente si traduces **tropezar dos veces con la misma piedra** como to trip on the same stone twice, la frase hecha en inglés es más literal: to make the same mistake twice (**cometer dos veces el mismo error**).

El truqui de la profe de inglés de La Vecina Rubia

En general los angloparlantes no saben lo que son los phrasal verbs porque para ellos son verbos normales que suenan como si fueran una sola palabra. Cuando te los estudies tú, no intentes aprendértelos como dos palabras separadas como llevas haciendo toda la vida. No funciona, ya lo sabes. Para que dejes de pensar en dos palabras distintas, en la pronunciación te hemos representado los sonidos unidos, tal y como se pronuncian. ¡Apréndetelos así!

Pasatiempo

Find the Blonde's Car

Te proponemos un pasatiempo muy facilito (nos gusta más que "ejercicio") para que repases algunas cosas que has visto en este capítulo sin estresarte.

¡Oh, no! Ha vuelto a suceder: La Vecina Rubia no se acuerda de dónde ha aparcado. Escucha el audio que te dirá cuál de estos es su coche. Si lo necesitas, repasa antes lo que has visto en la página 76. #RepasarEsDeGuapas

¿Ein?
¿No te enteras? Bueno, no te estreses si te pierdes un poco y no entiendes todo al principio. Es normal. La clave está en no venirse abajo y seguir entrenando el oído. Si eres constante y escuchas mucho inglés con diferentes acentos, cada vez te perderás menos.

#RubiConsejo
Fotocopia esta página. Así podrás hacer este pasatiempo todas las veces que quieras. :) #CuidarLosLibrosEsDeGuapas

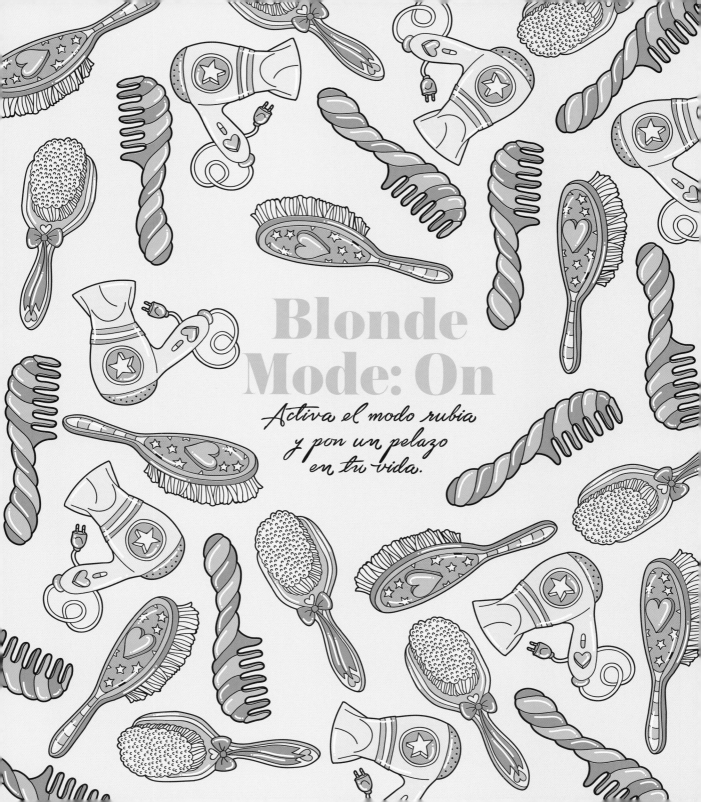

Blonde Mode: On

*Activa el modo rubia
y pon un pelazo
en tu vida.*

El otro día La Vecina Rubia intentó acordarse de la última vez que le dio palo hacer algo y le costó muchísimo, más incluso que meter el coche en el parking sin rozarlo.

Lo cierto es que, **since she turned the blonde mode on** (**desde que activó el modo rubia**), tiene muchos menos complejos y se lo pasa infinitamente mejor en la vida. Y no solo eso; también consigue que la gente se lo pase mejor con ella.

Y es que las rubias hacemos lo que queremos, aunque no lo hagamos perfecto siempre. Lo hacemos sin miedo a que nadie nos mire mal por no ser lo suficientemente esto o aquello. **Being blonde is cool** (**Ser rubia mola**), y en este último capítulo vamos a ver por qué.

En este capítulo vas a aprender:

- 🤍 cómo se dice hacerse la tonta en inglés;

- 🤍 que en inglés hay muchísimas formas de reírse y de hacer reír a los demás;

- 🤍 cómo pedirte la última croqueta cuando solo queda una en el plato, ¡también en inglés!;

- 🤍 algunas palabras de la lengua de Brad Pitt que parece que han sido inventadas por rubias.

¡Y muchas cosas más!

Because Being Blonde Is Knowing When to Play Dumb

Porque ser rubia es saber cuándo hacerse la tonta

Hay situaciones incómodas, normalmente provocadas por gente gris, por las que no merece la pena despeinarse el pelazo. En estos casos, lo mejor es soltar un **Claro que sí, guapi**, que en inglés vendría a ser algo así como **Of course, lovey**, y hacernos las rubias.

Lo guay es que, cuando te pase algo feo, te puedes hacer la rubia de distintas formas. Mira:

hacerte la tonta	to play dumb	/pléi daam/
ignorarlo	to ignore it	/ignóorit/
apuntarlo en la lista de cosas a olvidar	to file and forget	/fáiland faguét/
no entrar al trapo	to not fall for it	/not fool forít/
hacer oídos sordos	to turn a deaf ear	/téena defía/
hacerte la sueca	to turn a blind eye	/téena blaindái/
hacerte la dormida (literalmente: jugar a la zarigüella)	to play possum	/pléi pósssam/

#PronunciarBien EsDeGuapas

Dumb es como se dice **tonto** o **tonta** en inglés. Fíjate en que no pronunciamos la **"b"** porque... ¡es muda! Decimos: /dáam/. Otras palabras en las que la **"b"** es muda son: **bomb** /bom/ (**bomba**), **climb** /kláim/ (**escalar**), **comb** /kóum/ (**peine**), **plumber** /pláama/ (**fontanero**) o **thumb** /zaam/ (**pulgar**).

#RubiConsejo

If haters troll you, don't fall for it. Just turn a blind eye!

Si los *haters* te trolean, no entres al trapo. ¡Hazte la sueca!

¿Sabías que **troll** puede ser un verbo en inglés? Pues sí, lo es, y significa **trolear**. Una de las cosas por las que definitivamente no merece la pena **fall for**, son los **trolls** /trols/ y los **haters** /hhhéitas/, tanto los de internet como los de la vida real.

Because Everybody Remembers the Blonde

Porque todo el mundo se acuerda de la rubia

Si eres rubia, todo el mundo se acuerda de ti: —¿Te acuerdas de la chica que vino el otro día?, —¿Quién?, —La rubia, —¡Ah, claro! ¡La rubia!

¿Ves? ¡Si es que es imposible no acordarse de nosotras! En inglés, tenemos varias formas de decir **acordarse de** o **recordar**. Vamos a ver tres de ellas, una a una, despacito, pasito a pasito:

to remember /rimémba/ ⟶ cuando **te acuerdas tu misma** de algo, sin necesidad de que te lo recuerde nadie:

No me acuerdo ahora.	I can't remember now.
¿Te acuerdas de cuando los piercings en los dientes estaban de moda?	Do you remember when tooth piercings were in?
Acuérdate de apagar la sandwichera antes de limpiarla.	Remember to turn off the sandwich maker before cleaning it.

to remind to /rimáindtu/ ⟶ cuando alguien **te recuerda** algo. La estructura va así: **sujeto + to remind + la persona a la que hacemos recordar algo + to + verbo**:

Recuérdame que cargue mi móvil.	Remind me to charge my phone.
Facebook le recuerda que llame a su madre por su cumpleaños.	Facebook reminds her to call her mum for her birthday.
Nadie te recuerda que te desmaquilles antes de acostarte cuando vas piripi.	Nobody reminds you to take off your make-up before going to bed when you're tipsy.

to remind of /rimáindovvv/ ⟶ cuando algo o alguien **te recuerda** a otro algo o alguien porque se parecen. La estructura va así: **sujeto + to remind + la persona a la que le viene el recuerdo + of + la cosa o persona a la que se parece**:

Esa chica me recuerda a mi profe de inglés.	That girl reminds me of my English teacher.
Todo le recuerda a Jon.	Everything reminds her of Jon.
Hum... ¿Esa chaqueta rosa no te recuerda a la chaqueta amarilla?	Hmm... Doesn't that pink jacket remind you of the yellow jacket?

Because a Blonde's Laughter Is More Contagious Than a Yawn

Porque la risa de una rubia es más contagiosa que un bostezo

A las rubias nos gustan las cosas rosas con purpurina, los unicornios, las bandas sonoras de Disney… Pero sobre todas las cosas hay algo que nos encanta hacer: **We love laughing at ourselves and making people laugh with our blondie-isms** (**Nos encanta reírnos de nosotras mismas y hacer reír a la gente con nuestras rubieces**).

La gente se ríe con nosotras, se parte, se troncha… En español te puedes reír de muchas formas ¿y en inglés? ¡También! Apréndete los **types of laughter** (**tipos de risas**) con nuestro risómetro. Por cierto, **laughter** es **risa** y **to laugh** es **reírse**. ¡No los confundas!

#PronunciarBien EsDeGuapas

En el título de esta página han salido tres palabras un poco dificilillas y aún no te hemos dicho cómo se pronuncian. ¡Calma! Se dicen así:

laughter /láaafta/ (**risa**)
yawn /ióon/ (**bostezo**)
contagious /kantéichasss/ (**contagiosa**)

Ponte el audio a modo **listen & repeat** hasta que te salga igual, ¡y tú también serás de las guapas que pronuncian bien!

mearte de risa	to piss yourself laughing	/pisssioosssélf láaafin(g)/
partirte el culo	to laugh your ass off	/laaafioorásssof/
llorar de risa	to cry with laughter	/krái uiz láaafta/
partirte de risa	to split your sides	/sssplítioo sssáids/
troncharte de risa	to be in stitches	/bíi inssstíchis/
reírte alto	to laugh out loud (LOL)	/láaafaut láud/
reírte	to laugh	/laaaf/
soltar una carcajada	to crack up	/krákaap/
soltar una risita nerviosa	to giggle	/guigl/
reírte entre dientes	to chuckle	/chaakl/

#LoQueDiga LaRubia

If there isn't a blonde, it's not a party. It's a meeting.

Si no hay una rubia, no es una fiesta. Es una reunión.

La vecina rubia
@lavecinarubia

¿Qué cerveza os gusta más?

| La rubia | 79% |
| La otra | 21% |

↩ 73   ⟲ 314   ♥ 507

Blonde Beer?

¡No! En inglés no decimos *blonde beer* para referirnos a la **cerveza rubia**. Y, aunque La Vecina Rubia no lo tiene muy claro porque ella es más de vinos, ¡hay más tipos además de "la rubia" y "la otra"! Aquí tienes algunos:

lager
/láaaga/
cerveza rubia

craft beer
/kraaaft bíia/
cerveza artesana

ale
/éil/
cerveza tostada

draught beer
/draaaft bíia/
cerveza de barril

stout
/ssstáut/
cerveza negra

alcohol-free beer
/álkahhhol fríi bíia/
cerveza sin alcohol

Because Every Group of Cool People Has a Blonde

Porque todos los grupos de gente guay tienen una rubia

Eso es así. Piensa en las Spice Girls, en *Las Supernenas*, en *Grease*, en Abba, en *Verano azul*… En todos los grupos molones siempre hay una rubia para que podamos decir: ¡Me pido ser la rubia! En inglés, eso de **pedirte ser un personaje** en este sentido no se puede expresar literalmente. Lo que diríamos es: **I want to be the blonde!** (¡Quiero ser la rubia!)

Peeero… sí que existen equivalentes a **pedirte algo** en el sentido de quedártelo, usarlo antes que nadie o comértelo cuando es algo único o solo queda uno. Por ejemplo, imaginemos que estás comiendo con tus amigas y solo queda una croqueta. Dirías:

#SeeYouLater MariCarmen

La rubia de las Spice Girls no es *the blonde of the Spice Girls*, sino the blonde **in** the Spice Girls. En estos casos usamos siempre **in**.

🇺🇸	dibs, dibs on /dibs/ /díbson/
¡Me la pido!	Dibs!
¡Me pido la última croqueta!	Dibs on the last croquette!
	I dibs on the last croquette!
	I call dibs on the last croquette!
¿Puedo pedirme la última croqueta, por favor?	Can I call dibs on the last croquette, please?
Ella siempre se pide la última croqueta. ¡No es justo!	She always calls dibs on the last croquette. It's not fair!
Me voy a comer esta croqueta porque me la he pedido. Y punto.	I'm going to eat this croquette because I called dibs on it. Period.

🇬🇧	bags, bagsy /bágs/ /bágsi/
¡Me la pido!	Bagsy!
	Bags!
¡Me pido la última croqueta!	Bagsy the last croquette!
	I bagsy the last croquette!

¡Ojo! En ningún caso uses ninguna de estas estructuras para **pedirte ser alguien**, porque si dices algo como: **Dibs on the blonde**, estarás diciendo: **Me pido a la rubia**; no para ser ella, sino para ligártela. Ya sabes, ¡cuidadín!

#ParaFrikisDelInglés
Si vas en el coche y quieres decir: **¡Me pido el asiento de delante!**, di: **Shotgun!** /shhhótgaan/, y todos fliparán con tu nivelazo. ¡Pero no uses esta expresión en otro contexto! Solo tiene sentido cuando lo que te pides es el asiento delantero de un coche.

Because Us Blondes Reinvent the Language

Porque las rubias reinventamos el idioma

¿Habrá por ahí algún listo que se sepa todas las palabras del mundo? Nosotras lo reconocemos: aunque nos chifla aprender palabras y expresiones nuevas, las rubias no sabemos cómo se llaman todas las cosas.

Pero no pasa nada de nada. Nosotras, si no nos lo sabemos, nos lo inventamos ¡y tan contentas! Vamos a ver algunas palabras del inglés que son tan obvias que seguro que el nombre se lo puso una rubia:

pizarra	*negratabla*	blackboard	/blákbood/
sillón	*brazosilla*	armchair	/áaamchea/
espina dorsal	*espaldahueso*	backbone	/bákboun/
ombligo	*barriga botón*	belly button	/bélibaatn/
pestaña	*ojolátigo*	eyelash	/áilashhh/
chimenea	*fuegolugar*	fireplace*	/fáiapleisss/
manillar	*agarrabarras*	handlebars	/hhhhándlbaaas/
deberes	*hogartrabajo*	homework	/hhhóumuek/
medusa	*gelatinapez*	jellyfish	/chélifishhh/
faro	*luzcasa*	lighthouse	/láithhhausss/
analgésico	*dolorasesino*	painkiller	/péinkila/
palomitas de maíz	*pummaíz*	popcorn	/pópkoon/
chubasquero	*lluviaabrigo*	raincoat	/réinkout/
molusco	*conchapez*	shellfish	/shhhélfishhh/
camiseta	*T-camisa, camisa con forma de T*	T-shirt	/tíishhheet/

Fireplace es la parte de la chimenea que está dentro de la casa. A la que está fuera se le llama **chimney** /chímni/.

#BlondeExpression

¿Sabes cómo se dice **llamar a las cosas por su nombre** en inglés? Literalmente decimos *llamar una pala a una pala*: **to call a spade a spade**. Por cierto, el que le puso el nombre a las palas en inglés era muy graciosillo y lo hizo para que todas las rubias pensaran que significaba *espada*. Que quede claro, **espada** es **sword** /sssóod/ y **pala** es **spade** /ssspéid/.

#DontWorryBeGuapi

¡No te preocupes si no sabes cómo se llama algo! Las rubias podemos llamar a las cosas como nos dé la gana. Por ejemplo, puedes llamar **gofres** a los **hashtags #** /hhháshhhtags/, y crear tendencia. Solo para que lo sepas, **gofre** se dice **waffle** /uófl/. ;)

Because Us Blondes Aren't Afraid of English

Porque a las rubias no nos da miedo el inglés

Las rubias que no hemos nacido en un país angloparlante no tenemos un inglés perfecto, pero aun así nos tiramos a la piscina y lo hablamos. Sí, sabemos que vamos a cometer errores, pero también sabemos que reírnos de ellos y tirar para adelante es la única forma de aprender.

Y cuando nos ponemos, no hay quien nos pare. Fíjate, hasta sacamos libros para enseñar inglés a otras rubias.

Queremos acabar este último capítulo del libro con un rubiconsejito que te va a servir tanto para mejorar tu inglés como para hacer cualquier otra cosa que te propongas en la vida: si quieres hacer algo, si tienes un objetivo, si tienes algo dentro y quieres sacarlo ahí afuera, hazlo. Haz cosas. Sin miedo. Puede que no vaya a ser **a bed of roses** (**un camino de rosas**), pero, como dice La Vecina Rubia: el "no" ya lo tienes.

No pierdes nada por intentarlo.	You don't lose anything by trying.
Arriésgate.	Take chances.
Inténtalo.	Give it a go.
Tírate a la piscina.	Throw yourself in at the deep end.
Que nadie te diga que no lo vas a conseguir.	Don't let anyone tell you you won't make it.
Sin miedo.	Be fearless.
Lánzate.	Go for it.

#SeeYouLater MariCarmen

This isn't over yet (**Esto no se ha acabado aún**). Todavía nos quedan cosas chulis por ver y, sobre todo, por repasar.

Keep on reading! (**¡Sigue leyendo!**)

#Blonde Expression

to put your foot in it (**meter la pata**)

Quien nunca haya metido la pata es que nunca ha hecho nada interesante, así que: **Go ahead! Put your foot in it!** (**¡Adelante! ¡Mete la pata!**)

Meter la pata es de guapas.

Pasatiempo

Match the Words!

Te proponemos un pasatiempo muy facilito (nos gusta más que "ejercicio") para que repases algunas cosas que has visto en este capítulo sin estresarte.

Une las parejas para formar las típicas palabras que parece que han sido inventadas por una rubia y después tradúcelas al inglés para que sean palabras de verdad.

ojo	abrigo
gelatina	camisa
luz	pez
espalda	látigo
pum	tabla
dolor	botón
fuego	barras
T	pez
agarra	silla
barriga	trabajo
hogar	hueso
lluvia	asesino
negra	casa
brazo	lugar
concha	maíz

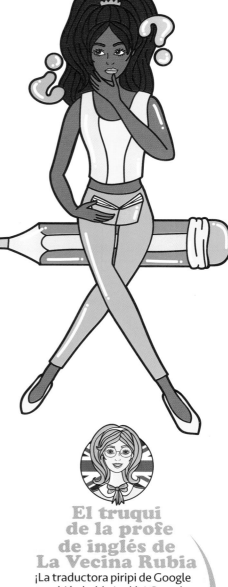

El truqui de la profe de inglés de La Vecina Rubia

¡La traductora piripi de Google también habla inglés! Cuando no sepas cómo pronunciar algo, escríbelo en el traductor de Google, dale al **play** y repítelo hasta que te salga igual que a la señora piripi que habla.

#RubiConsejo

Fotocopia esta página. Así podrás hacer este pasatiempo todas las veces que quieras. :) #CuidarLosLibrosEsDeGuapas

Más cosis

¡Tss! ¿Ya te ibas? Ni se te ocurra bajarte del libro todavía, porque tenemos muchas más cosis para ti. En las siguientes páginas encontrarás todo esto:

♥ una lista con todas las **frases míticas** que has visto a lo largo de este libro, para que te las aprendas bien y puedas ir haciéndote la rubia por la vida, ahora también en inglés;

♥ un **rubiccionario**, o lo que es lo mismo, un diccionario para rubias con todo el vocabulario y las expresiones que han aparecido en los capítulos;

♥ unas **tablitas cuquis de gramática** para que puedas repasar las estructuras más utilizadas en inglés siempre que quieras;

♥ una **rubiguía de pronunciación** para que pronuncies bien todos los sonidos del inglés, porque pronunciar bien en inglés es de guapas;

♥ las **soluciones a los pasatiempos** que has ido haciendo en cada capítulo.

Así que ya sabes:

Recomponte el pelazo y ¡sigue leyendo!

Frases míticas
de La Vecina Rubia
traducidas al inglés

Aquí encontrarás algunas de las frases que han inspirado este libro. ¡Cuidado! El nivel de rubiez al que te vas a exponer a continuación es bastante *top*.

Turning the music down to park better is something we beauties do.

Bajar la música para aparcar mejor es de guapas.

pág. 80 (capítulo 7)

Those of us who don't wear chokers are the resistance!

¡Las que no llevamos chokers, somos la resistencia!

pág. 71 (capítulo 6)

Being blonde is hard work sometimes.

Ser rubia a veces es difícil.

pág. 74 (capítulo 7)

Sorry, I'm not going to be able to make it on time. I have to give my fish a bath.

Lo siento, no voy a poder llegar a tiempo. Tengo que bañar a mi pez.

pág. 77 (capítulo 7)

Being blonde is knowing when to play dumb.

Ser rubia es saber cuándo hacerse la tonta.

pág. 86 (capítulo 8)

I wonder if there's a blonde out there who doesn't like pink.

Me pregunto si hay alguna rubia por ahí a la que no le guste el color rosa.

pág. 16 (capítulo 1)

"I won't wear anything special", and then they're all dressed up to the nines.

"No me voy a arreglar mucho" y luego van vestidas de gala.

pág. 31 (capítulo 2)

I wonder what those shop assistants call their partners when they call you "darling", "love" and "honey" after having known you for five minutes in the fitting room.

Me pregunto cómo llamarán a sus parejas las dependientas que te conocen de cinco minutos en el probador y ya te llaman "cariño", "mi amor" y "cielo".

pág. 14 (capítulo 1)

I wonder if vegans make cheat sheets for exams.

Me pregunto si los veganos hacen chuletas para los exámenes.

pág. 19 (capítulo 1)

Chokers are a freaking plague!

¡Los chokers son una maldita plaga!

pág. 71 (capítulo 6)

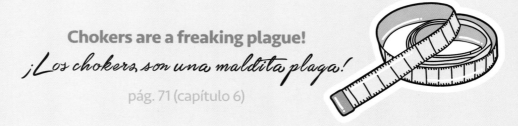

Who cares? No one here knows who we are.

Total, si aquí no nos conoce nadie.

pág. 28 (capítulo 2)

I watch so many TV series that my dreams are subtitled.

Veo tantas series que mis sueños aparecen con subtítulos.

pág. 26 (capítulo 2)

Somebody please shoot me.

Tierra, trágame.

pág. 58 (capítulo 5)

There's no way I'm gonna text my crush until he texts me first.

No pienso escribirle al chico que me gusta hasta que no me escriba él a mí.

pág. 59 (capítulo 5)

Money can't buy you happiness; that's why I spend it on shoes.

El dinero no da la felicidad, por eso me lo gasto en zapatos.

pág. 24 (capítulo 2)

You can't get everybody to like you, you're not a croquette.

No puedes gustarle a todo el mundo, no eres una croqueta.

pág. 62 (capítulo 5)

I wonder what name my dog has given me.

Me pregunto qué nombre me ha puesto mi perro a mí.

pág. 25 (capítulo 2)

It's OK to dress to kill, but you don't need to kill to dress.

No pasa nada por ir divina de la muerte, pero no hace falta matar para que te vistas.

pág. 72 (capítulo 6)

Friendship is retaking the pic until all of us look good.

Amistad es repetir la foto hasta que todas salgamos bien.

pág. 29 (capítulo 2)

Even when I'm tipsy I have great taste.

Hasta piripi tengo buen gusto.

pág. 42 (capítulo 3)

I call dibs on the last croquette!

¡Me pido la última croqueta!

pág. 90 (capítulo 8)

Being blonde is a state of mind.

Ser rubia es un estado de ánimo.

pág. 78 (capítulo 7)

Here comes your crush, act normal!

Por ahí viene el chico que te gusta, ¡actúa normal!

pág. 58 (capítulo 5)

I wonder if Disney princesses also get their period.

Me pregunto si a las princesas Disney también les viene la regla.

pág. 15 (capítulo 1)

**Fishnet stockings should have a schedule.
Like drinking alcohol; at night it's alright
but at 8 a.m. it's weird.**

*Las medias de rejilla deberían tener un horario;
como el alcohol, que por la noche está bien,
pero a las 8 de la mañana es raro.*

pág. 70 (capítulo 6)

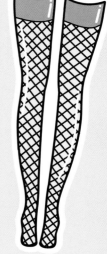

There are also blondes trapped in bodies of brunettes.

También, hay rubias atrapadas en cuerpos de morenas.

pág. 27 (capítulo 2)

Don't let anyone tell you you won't make it.

Que nadie te diga que no lo vas a conseguir.

pág. 92 (capítulo 8)

**If there isn't a blonde, it's not a party.
It's a meeting.**

*Si no hay una rubia, no es una fiesta.
Es una reunión.*

pág. 88 (capítulo 8)

Of course, lovey!

¡Claro que sí, guapi!

pág. 48 (capítulo 4)

I just want to crawl under a rock and die.

Tierra, trágame y escúpeme en otro país y con otra identidad.

pág. 58 (capítulo 5)

1. Salir de marcha

This one's on the house!

¡A esta invita la casa!

pág. 36 (capítulo 3)

This one's on me!

¡A esta invito yo!

pág. 36 (capítulo 3)

It's my treat!

¡Yo invito!

pág. 36 (capítulo 3)

Keep your hands off your phone when you're tipsy!

¡No toques el móvil cuando vayas piripi!

pág. 42 (capítulo 3)

2. Pedir mesa en un restaurante

We are four. 👎

Tenemos cuatro años.

There are four of us. 👍

Somos cuatro.

pág. 51 (capítulo 4)

3. Mandar a alguien a freír espárragos

Take a hike!
Literalmente: ¡Vete a hacer senderismo!

pág. 76 (capítulo 7)

Get lost!
Literalmente: ¡Piérdete!

pág. 76 (capítulo 7)

Go to hell!
Literalmente: ¡Vete al infierno!

pág. 76 (capítulo 7)

4. Resumir una peli

And they lived happily ever after.
Fueron felices y comieron perdices.

pág. 19 (capítulo 1)

Rubiccionario

Más de 500 palabritas y expresiones
para que puedas hablar en inglés
de tus rubieces.

¡Bienvenida al Rubiccionario! Aquí hemos recopilado para ti toda la chicha de vocabulario que ha ido apareciendo a lo largo de los ocho capítulos de este libro. Alrededor de 500 palabras y expresiones... ¡sí que hemos aprendido cosas! Ahora podrás repasar todo sin tener que ir buscándolo como una loca por el libro. #RepasarEsDeGuapas

Todo está ordenado alfabéticamente para que, si se te olvida cómo decir algo en inglés, puedas venir aquí tranquilamente a consultarlo. Ten en cuenta que este no es un diccionario al uso, ya que en algunos casos hemos incluido las expresiones tal y como se usan en el día a día en lugar de palabras sueltas, porque creemos que es mucho mejor que las aprendas como un bloque a hacerlo palabra por palabra.

Y sí, puede que falte alguna letra. No hemos querido incluir aquí nada que no haya salido en el libro para no complicar las cosas y para no convertir esto en un diccionario eterno que nadie se iba a leer. Así que, si echas en falta alguna letra, no es que se nos haya olvidado, ¡es pura casualidad!

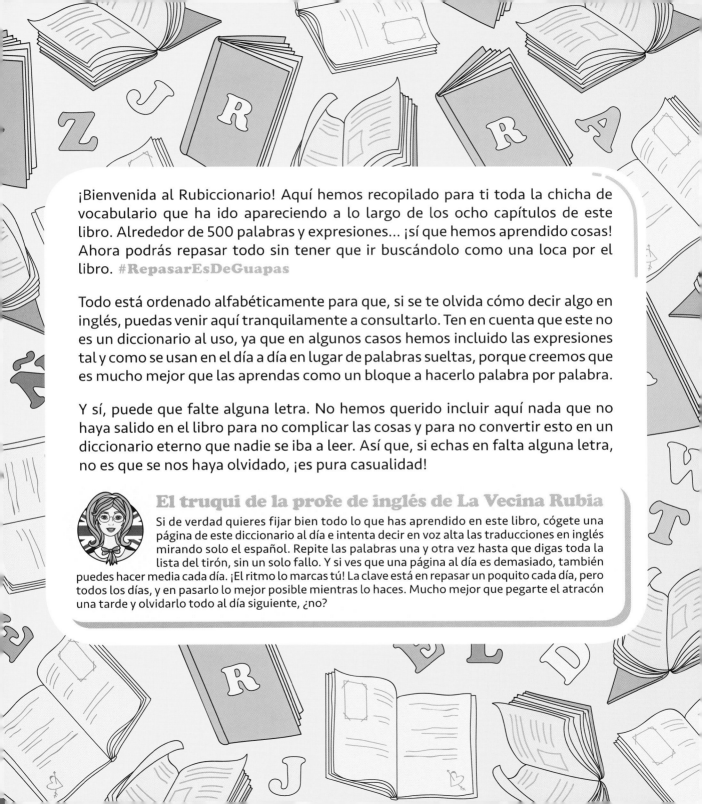

El truqui de la profe de inglés de La Vecina Rubia

Si de verdad quieres fijar bien todo lo que has aprendido en este libro, cógete una página de este diccionario al día e intenta decir en voz alta las traducciones en inglés mirando solo el español. Repite las palabras una y otra vez hasta que digas toda la lista del tirón, sin un solo fallo. Y si ves que una página al día es demasiado, también puedes hacer media cada día. ¡El ritmo lo marcas tú! La clave está en repasar un poquito cada día, pero todos los días, y en pasarlo lo mejor posible mientras lo haces. Mucho mejor que pegarte el atracón una tarde y olvidarlo todo al día siguiente, ¿no?

carpeta	folder	4	50
castaña, castaño	brown-haired	7	78
centrarte	to focus, to stay focused	6	72
cerca de	close to	7	81
cerveza	beer	3	36
cerveza artesana	craft beer	8	89
cerveza de barril	draught beer	8	89
cerveza negra	stout	8	89
cerveza rubia	lager	8	89
cerveza sin alcohol	alcohol-free beer	8	89
cerveza tostada	ale	8	89
chabacano, hortera	tacky	6	67
chanclas	flip-flops, thongs	6	66
chaqueta con capucha	hooded jacket	6	72
chicle	chewing gum	7	79
chimenea (dentro de la casa)	fireplace	8	91
chimenea (por fuera de la casa)	chimney	8	91
chinchar o picar a alguien	to tease someone	5	61
choni	trashy	6	68
choni (en inglés americano)	ghetto	6	68
choni (en inglés británico)	chav	6	68
chubasquero	raincoat	8	91
chuletas (de carne)	chops	1	19
chuletas (de los exámenes)	cheat sheets	1	19
chuli, guay	cool	2	24
chupito	shot	3	36
churros con chocolate	churros with chocolate	3	41
cielo (palabrita dulce)	honey	1	14
coca-cola	coke, coca-cola	4	46
cocina americana	open-plan kitchen	1	18
columna	column	7	81
comer demasiado	to overeat	5	56
comida no demasiado sana que comes cuando estás regular	comfort food	3	41
complemento	accessory	6	67

compresa	sanitary pad	1	15
compresa de noche	night pad	1	15
comprometida, comprometido	committed	2	25
con clase	classy	6	67
con curvas	curvy	2	26
con estilo	stylish	6	67
con los ojos azules	blue-eyed	2	24
con mala leche	bitchy	6	65
con subtítulos	subtitled	2	26
con tiempo suficiente	in time	7	77
conformarse con	to settle for	7	81
contagiosa, contagioso	contagious	8	88
contar chistes malos	to tell bad jokes	3	37
convertirse en *mainstream*	to become mainstream	6	71
copa de vino	glass of wine	3	36
copiar o hacer trampas	to cheat	1	19
corazón (palabrita dulce)	sweetheart	1	14
corte	cut	1	20
corto	short	2	25
cosas rosas que brillan	pink, shiny stuff	2	24
costarle algo a alguien (porque es difícil)	to find something difficult	7	80
cotillear	to check out	5	61
croquetas	croquettes	3	41
crossfit	crossfit	2	27
culo inquieto	antsy pants	2	25
cuñas	wedges	6	66
cursi en plan cuqui (para personalidad)	twee	6	67
cursi, pasteloso (en inglés americano)	corny	6	67
cursi, pasteloso (en inglés británico)	cheesy	6	67

D

		CAPÍTULO	PÁGINA
darse cuenta	to notice	5	55
de hecho	actually	2	30
de vez en cuando	every now and then	3	40
deambular como alma en pena	to mope around	4	57
deberes	homework	8	91
delgada, delgado	thin	2	24
delineador de ojos	eyeliner	3	36
demasiado caro	too expensive	6	65
derechos de los animales	animal rights	2	25
desconectarte	to go offline	2	32
desvío	diversion	2	30
devoradora o devorador de cultura, cultureta	culture-vulture	2	26
difícil, duro	hard work	7	75
dinero	money	7	79
directa, directo	straightforward	2	27
discoteca	nightclub	3	39
dormir con el pijama puesto	to sleep in your pyjamas	4	52
drum and bass	drum and bass	3	39
dulce	sweet	4	51
dulzura (palabrita dulce)	sugar	1	14

		CAPÍTULO	PÁGINA
echar de menos a alguien	to miss someone	7	79
edredón nórdico o colcha	duvet	1	18
efecto ojos rojos	red-eye effect	2	29
elegante	smart, elegant	6	67
embarazada	pregnant	4	47
embrague	clutch	7	81
emperifollarte	to doll yourself up	2	31
empezar a sudar	to start sweating	4	51
enfrente de	opposite	7	76
encantadora, encantador	charming	2	26
energética, energético	energetic	2	25
enhorabuena	congratulations	4	47
ensaladilla rusa	Russian salad	1	18
entrarle a alguien (para ligar)	to hit on someone	3	37
errores gramaticales	grammar mistakes	5	60
escalar	to climb	8	86
escribir (en el ordenador o en el móvil)	to type	2	32
escribirle mensajes a alguien	to text someone	3	40
esos días del mes	that time of the month	1	15
espada	sword	8	91
espaguetis con lo que sea	spaghetti with whatever	3	41
esperar (dar por hecho que algo va a ocurrir)	to expect	5	59
esperar (físicamente)	to wait for	5	59
esperar (tener esperanzas)	to hope	5	59
espina dorsal	backbone	8	91
estado de ánimo	state of mind	7	78
estampado de camuflaje	camo print	6	72
estampado de cebra	zebra print	6	68
estampado de cocodrilo	crocodile print	6	68
estampado de dálmata	dalmatian print	6	68
estampado de guepardo	cheetah print	6	68
estampado de hiena moteada	spotted hyena print	6	68
estampado de jirafa	giraffe print	6	68

estampado de leopardo	leopard print	6	68
estampado de serpiente	snake print	6	68
estampado de tigre	tiger print	6	68
estampado salvaje	animal print	2	27
estar demasiado hecho (comida)	to be overcooked	5	56
estar plof (con la regla)	to feel down	1	15
estar colada o colado por alguien	to have a crush on somebody	5	55
estar contentísima o contentísimo	to be tickled pink	1	16
estar de moda	to be in	6	71
estar en forma	to be fit	2	27
estar hecha o hecho un desastre	to be a mess	3	41
estrenar	to wear something for the first time	2	31
estreñida, estreñido	constipated	2	30
estridente, chillón	garish	6	67
exaltación de la amistad	love buzz	3	37

		CAPÍTULO	PÁGINA
faltas de ortografía	spelling mistakes	5	60
fanzine	fanzine	2	26
faro	lighthouse	8	91
fastidiada, fastidiado	annoyed	5	61
flequillo abierto	parted fringe	2	29
fontanera, fontanero	plumber	8	86
foto	pic	2	29
frase característica de un personaje	catchphrase	2	24
freno	brake	7	81
friki, apasionada o apasionado de algo	geek	4	48
fucsia	fuchsia	1	16
fuego, mechero	light, lighter	4	48

G		CAPÍTULO	PÁGINA
gargantilla, *choker*	choker	6	71
gin-tonic	gin and tonic	3	36
girar a la izquierda o a la derecha	to turn left or right	7	76
gofre	waffle	8	91
guapi	lovey	3	40
guiño	wink	5	61

H		CAPÍTULO	PÁGINA
hablar sin parar	to blabber	5	58
hacer cosquillas	to tickle	1	16
hacer el ridículo	to make a fool of yourself	5	58
hacer oídos sordos	to turn a deaf ear	8	86
hacer reír a la gente	to make people laugh	8	88
hacer senderismo	to go on a hike	2	28
hacer un examen	to sit a test	1	19
hacer una escapada de fin de semana	to go on a weekend getaway	2	28
hacerlo mejor	to do better	5	61
hacerte la sueca, el sueco	to turn a blind eye	8	86
hacerte la tonta, el tonto	to play dumb	8	86
hacerte ilusiones	to build your hopes up	5	56
hacerte la dormida, el dormido	to play possum	8	86
hamburguesa con doble de queso	double cheeseburger	3	41
haters	haters	8	86
helado de vainilla con nueces de macadamia	vanilla ice cream with macadamia nuts	1	17
hincar los codos	to hit the books	1	19
hortera, recargada o recargado	kitschy	6	67

I

		CAPÍTULO	PÁGINA
ibuprofeno	ibuprofen	7	79
ignorar	to ignore	8	86
impulsiva, impulsivo	impulsive	2	25
incómoda o incómodo, que da vergüencita	awkward	5	58
increíble	amazing	2	25
indicaciones	directions	7	76
ingeniosa o ingenioso, inteligente	clever	2	24
ingenua, ingenuo	gullible	2	24
inocentona, inocentón	naive	2	24
inteligente	smart	2	26
intentar hacer algo, probar algo	to give something a go	8	92
inventar	to make up	5	61
ir a mirar escaparates	to go window-shopping	6	65
ir a un museo	to go to a museum	2	28
ir de tiendas	to go shopping	2	24
ir de viaje al extranjero	to go on a trip abroad	2	28
ir divina o divino de la muerte	to dress to kill	6	72

J

		CAPÍTULO	PÁGINA
justo ahí	right there	7	76

K

		CAPÍTULO	PÁGINA
kick-boxing	kick-boxing	2	27

L

		CAPÍTULO	PÁGINA
la persona que te gusta	your crush	5	55
la rubia de las Spice Girls	the blond in the Spice Girls	8	90
la Sirenita	the Little Mermaid	1	15
lanzarte a por ello	to go for it	8	92
largo	long	2	24

114

liada, liado	busy	4	57
libro	book	2	26
ligar	to flirt	5	62
llamada perdida	missed call	7	79
llamar a las cosas por su nombre	to call a spade a spade	8	91
llave inglesa	monkey wrench	1	18
llaves	keys	7	79
llegar a + lugar	to get to + place	7	76
llegar tarde	to be late	7	77
llegar, conseguirlo	to make it	7	77
llevar puesto, ponerte (algo de ropa)	to wear	2	31
llorar de risa	to cry with laughter	8	88
loca o loco del *fitness*	fitness freak	2	27

		CAPÍTULO	PÁGINA
macarrones con queso	mac and cheese	3	41
maja, majo	kind	2	24
manillar	handlebars	8	91
mantener a alguien enganchada o enganchado	to keep someone hooked	5	61
maquillaje	make-up	3	40
maquillarte	to put on make-up	2	31
mearte de risa	to piss yourself laughing	8	88
medias	stockings	6	70
medias de rejilla	fishnet stockings	6	70
medusa	jellyfish	8	91
meter barriga	to suck in your stomach	5	58
meter la pata	to put your foot in it	8	92
mi prima la de rojo (la regla)	Aunt Flo	1	15
modelitos	outfits	6	65
molusco	shellfish	8	91
monstruo, friki	freak	4	48
montaña rusa	roller coaster	1	18
moqueta	carpet	4	50
muñeco recortable	paper cut-out doll	6	73

		CAPÍTULO	PÁGINA
música electrónica	electro	3	39
música *house*	house (music)	3	39
música *techno*	techno	3	39
muy borracha, muy borracho	wasted	3	40
muy morena o moreno (de pelo negro)	black-haired	7	78

N

		CAPÍTULO	PÁGINA
navaja suiza	Swiss Army knife	1	18
no entrar al trapo	to not fall for it	8	86
no tener miedo	to be fearless	8	92

O

		CAPÍTULO	PÁGINA
ocurrente	witty	2	24
odiar	to hate	3	38
ojos cerrados	closed eyes	2	29
ojos marrones	brown eyes	2	25
ojos verdes	green eyes	2	26
ombligo	belly button	8	91
oso	bear	4	46
oveja	sheep	4	52

P

		CAPÍTULO	PÁGINA
país nórdico	Nordic country	1	18
pájaro	bird	4	46
pala	spade	8	91
palabritas dulces	sweet nothings	1	14
paloselfi	selfie stick	7	81
palomitas de maíz	popcorn	8	91
pantalones rotos (en inglés británico)	ripped trousers	4	50
panties, pantimedias (en inglés americano)	pantyhose	6	70
panties, pantimedias (en inglés británico)	tights	6	70
papada	double chin	2	29
pareja, compañera o compañero	partner	1	14

parking (inglés americano)	parking lot	7	81
parking (inglés británico)	car park	7	81
parlanchina, parlanchín	talkative	2	25
partirte de risa	to split your sides laughing	3	37
partirte el culo	to laugh your ass off	8	88
pasar de moda	to go out of fashion	6	71
pasar por delante de	to go past	7	76
pasarlo bien	to have fun	3	35
pasarse (haciendo algo)	to overdo	5	60
pasarse, ser demasiado	to be over the top	6	72
pasarte con el maquillaje, maquillarte como una puerta	to overdo it on the make-up	2	31
pastelito (palabrita dulce)	sweetie pie	1	14
pecas	freckles	2	26
pedirle una canción al DJ	to ask the DJ for a song	3	37
pedirte algo cuando solo hay uno (en inglés americano)	dibs, dibs on, to call dibs on	8	90
pedirte algo cuando solo hay uno (en inglés británico)	bags, bagsy	8	90
pedirte el asiento de delante	shotgun	8	90
pedirte ser	to want to be	8	90
pedo, borracha o borracho como una cuba	pretty pissed	3	38
pegársete las sábanas	to oversleep	5	56
peine	comb	8	86
peliazul	blue-haired	7	78
pelirroja, pelirrojo	red-haired, auburn	7	78
pelirrosa	pink-haired	7	78
pelo (de animal)	fur	6	72
pelo (o pelazo)	hair	2	24
pelo moreno	dark hair	2	27
pelo pelirrojo	red hair	2	26
pelo que cambia de color cada semana	weekly-colour-changing hair	2	25
pelo sintético	faux fur, fun fur	6	72
pendientes	earrings	7	79
pene (vulgar)	cock	4	46
pensar demasiado	to overthink	5	56

pensar en alguien	to think of someone	3	38
perder	to lose	7	79
perder (medios de transporte, eventos)	to miss something	7	79
perderte	to get lost	7	79
perdiz	partridge	1	19
persona con la que puedes contar	trustworthy person	2	26
pestaña	eyelash	8	91
pijama	pyjamas, pajamas, PJs	4	52
pintalabios	lipstick	7	79
pintauñas	nail polish	1	20
pinzas de cocina	tongs	4	47
pinzas de depilar	tweezers	4	47
pinzas de la ropa	clothes pegs	4	47
piripi	tipsy	3	37
piropo	compliment	6	67
pizarra	blackboard	8	91
placer culpable (algo que sabes que no deberías hacer, pero no te puedes resistir)	guilty pleasure	1	17
poder	to be able to	7	77
pompones	pom-poms	6	67
poner o activar el modo rubia	to turn the blonde mode on	8	85
poner verde a alguien	to call someone every name in the book	5	57
ponerte algo elegante	to wear something fancy	2	31
ponerte como un flan	to get jittery	5	58
ponerte roja o rojo como un tomate	to turn bright red	5	58
ponerte tacones	to wear heels	2	31
por aquí, por allí	this way, that way	7	76
por encima de nuestras posibilidades	out of our league	6	56
por fin	at last	5	57
posturita forzada	forced pose	2	29
prenda de vestir	garment	6	73
prenda imprescindible	must-have	6	67
prepararte	to get ready	2	31
probador	fitting room	1	14

problemitas aparcando	parking issues	7	80
puaj	yuck	4	51
pulgar	thumb	8	86
puntual	on time	7	77
puro habano	Cuban cigar	1	18

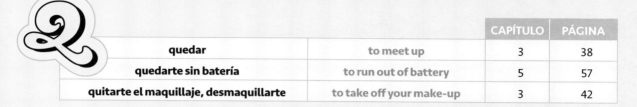

		CAPÍTULO	PÁGINA
quedar	to meet up	3	38
quedarte sin batería	to run out of battery	5	57
quitarte el maquillaje, desmaquillarte	to take off your make-up	3	42

		CAPÍTULO	PÁGINA
reaccionar de forma exagerada	to overreact, to freak out	5	57
reality shows de reformas de casas	home improvement shows	1	17
recena	late-night snack	3	41
recordarle algo a alguien	to remind someone to	8	87
recordarte a alguien (porque se parecen)	to remind you of	8	87
red para atrapar peces	fishnet	6	70
reflexionar sobre algo	to wonder about something	1	13
refresco	soft drink	3	36
reina del drama	drama queen	5	57
reírte	to laugh	8	88
reíte alto	to laugh out loud	8	88
reírte de una misma o uno mismo	to laugh at oneself	8	88
reírte entre dientes	to chuckle	8	88
reírte muy alto y de forma rara	to laugh loudly and awkwardly	5	58
repasar	to review	1	19
repetir una foto	to retake a pic	2	29
resaca	hangover	3	42
resacosa, resacoso	hungover	3	42
rímel resistente al agua	waterproof mascara	1	15
risa	laughter	8	88
ron con coca-cola	rum and coke	3	36

ronda de chupitos	round of shots	3	36
ropa	clothes	6	73
rosa chicle	bubblegum pink	1	16
rosa claro	light pink	1	16
rosa con purpurina	glittery pink	1	16
rosa coral	coral pink	1	16
rosa palo	rose pink	1	16
rosa pastel	pastel pink	1	16
rubia (persona)	blonde	2	24
rubia, rubio (pelo)	blond	7	78
running	running	2	27

		CAPÍTULO	PÁGINA
saber a (comida o bebida)	to taste like	3	41
sacar pecho	to stick your boobs out	5	58
salir bien (en una foto)	to look good (in a pic)	2	29
salir de fiesta a lo grande	to paint the town red	3	36
salir fea o feo (en una foto)	to look ugly (in a pic)	2	29
salir preciosa o precioso (en una foto)	to look gorgeous (in a pic)	2	29
salmón	salmon	1	16
sandalias	sandals	6	66
sandalias de plataforma	platform sandals	6	66
sandalias de punta abierta	peep toe sandals	6	66
sandalias de tacón alto	heeled sandals	6	66
sandalias planas	flat sandals	6	66
sandalias romanas	gladiator sandals	6	66
sándwich de chocolate derretido	melted chocolate sandwich	3	41
seguir tu corazón	to follow your heart	3	35
seguir, continuar	to keep going	7	76
segura de sí misma, seguro de sí mismo	confident	2	26
selfie	selfie	2	29
sentirte mejor	to feel better	3	40

ser cansina o ser cansino	to be a pain in the neck	5	62
ser la última moda	to be all the rage	6	71
ser muy friki o muy fan de algo	to be really into something	4	48
serie en V. O.	TV series in their original version	2	26
sillón	armchair	8	91
sincera, sincero	honest	2	27
sobras de pizza	leftover pizza	3	41
sofisticada, sofisticado	fancy (adjetivo)	6	67
sola, solo	alone	3	40
soltar una carcajada	to crack up	8	88
soltar una risita nerviosa	to giggle	8	88
sombra (donde no da el sol)	shade	1	16
sombra (que proyecta alguien o algo)	shadow	1	16
sombra de ojos	eyeshadow	1	16
sonrisa falsa	fake smile	2	29
sosa, soso	lame	5	60
sudadera con capucha	hooded sweatshirt, hoodie	6	72
sudar	to sweat	4	51
sudor	sweat	4	51
sufrir	to suffer	7	80
superpoder	superpower	2	24
suspender (un examen)	to fail	1	16

		CAPÍTULO	PÁGINA
tacones	heels	7	82
tampones	tampons	7	79
tangas	thongs	4	47
té con panecillos ingleses	tea and scones	4	45
tener la regla	to have the painters in	1	16
tener permiso para	to be allowed to	5	60
tener sentido	to make sense	5	57
ticket de metro	metro ticket	7	79
tirarte a la piscina	to throw yourself in at the deep end	8	92

todo recto	straight ahead	7	76
tomar el sol y relajarte	to sunbathe and chill	2	28
tomar un *brunch*	to have brunch	2	28
tonta, tonto	dumb	8	86
tortilla francesa	plain omelette	1	18
traidora, traidor	traitor	2	31
tranquilizarte	to calm down	5	57
trols	trolls	8	86
troncharte de risa	to be in stitches	8	88
tropezar dos veces con la misma piedra	to make the same mistake twice	7	82
tropezarte con algo que está debajo de una misma o de uno mismo	to trip over, to stumble over something	7	82
tropezarte con alguien de forma inesperada	to bump into (someone), to run into (someone), to come across (someone), to walk into (someone)	7	82
tropezarte y caerte	to trip and fall	5	58

U

		CAPÍTULO	PÁGINA
un camino de rosas	a bed of roses	8	92
una o un judas (en el sentido de "traidora o traidor")	a Judas	2	31
un poco vintage	kind of vintage	6	71
unicornio	unicorn	2	24

V

		CAPÍTULO	PÁGINA
valiente	brave	2	25
vegana, vegano	vegan	2	25
venirte abajo	to break down	3	40
venirte la regla	to get your period	1	15
verás, espera y verás	wait and see	2	32
visitar un mercadillo	to visit a flea market	2	28

vodka con limón	vodka lemon	3	36
volver a estar de moda	to make a comeback	6	71
volverte muy torpe	to fumble	5	58

		CAPÍTULO	PÁGINA
whisky con hielo	whisky on the rocks	3	36

		CAPÍTULO	PÁGINA
zapatos con el talón descubierto	slingbacks	6	66
zuecos	clogs	6	66

Tablitas cuquis de gramática

Para que repases lo más básico de la gramática del inglés sin despeinarte más de la cuenta.

Lo que vas a ver a continuación es un repasito muy, muy general de las cosas más importantes de la gramática del inglés presentado en tablitas supercuquis. No está absolutamente todo, pero sí lo más importante.

Encontrarás las tablitas cuquis en tres niveles:

nivel rubísimo   **nivel rubintermedio**   **nivel rubiavanzado**

Ve con cuidado porque con la gramática pasa un poco como con una tarrina gigante de helado: si te la intentas zampar toda de una sentada, la cosa no va a acabar bien. Porfi, no memorices todas las tablas de golpe; no sirve de nada. Tampoco intentes asimilar las de un nivel si todavía no dominas el anterior, porque lo único que vas a conseguir va a ser desmotivarte y dejar este bonito libro para calzar la mesa del salón.

Consejo de la profe de inglés de La Vecina Rubia

Es mejor que uses estas tablas a modo de consulta. Es decir, más que para memorizar, úsalas para repasar o refrescar cositas que no recuerdas. Y si vas a estudiártelas, no estudies más de tres tablitas al día y practica siempre en voz alta con todos los ejemplos que se te ocurran. Por ejemplo, si estudias el presente continuo, di en voz alta todas las cosas que estás haciendo o, si estudias el condicional de presente, di todas las cosas que harías si fueras millonaria. Recuerda: estudiar gramática es 10 % memorizar, 90 % practicar y 0 % alcohol.

El día que la profe de inglés le dijo a La Vecina Rubia que había traído "unas tablas" para la clase, ella pensaba que eran de queso y se abrió una botella de vino. Lo sentimos, pero las tablas de las siguientes páginas son de gramática y no de queso, así que ¡no te las comas!

Los artículos

the	la, las, el, los	the blonde (**la rubia**) the car (**el coche**) the shoes (**los zapatos**) the girls (**las chicas**)
a	un, una	a girl (**una chica**) a boy (**un chico**)
an	**una, un** (delante de sonido vocálico)	an elephant (**un elefante**) an apple (**una manzana**)

💙 Cuando hablamos de algo que no podemos contar, como la purpurina (no dices *una purpurina*, *dos purpurinas*, etc.), no usamos *a* ni *an*, sino **some** y **any**. Por lo general, se usan así:

some	frases afirmativas	I have some glitter. **Tengo purpurina.**
any	frases negativas	I don't have any glitter. **No tengo purpurina.**
	frases interrogativas	Do you have any glitter? **¿Tienes purpurina?**

Some y **any** también pueden aparecer con plurales, como **some shoes** (**algunos zapatos**) o **any jackets** (**algunas chaquetas**).

Los pronombres y determinantes
Personales

💙 Los pronombres se usan para sustituir un sustantivo en una frase, y los determinantes (también llamados adjetivos) acompañan a los sustantivos y se colocan delante de ellos.

PRONOMBRES DE SUJETO* (yo, tú, ella...)	PRONOMBRES DE OBJETO (me, te, le...)	DETERMINANTES POSESIVOS (mi, tu, su...)	PRONOMBRES POSESIVOS (mía, tuyo, suyo...)	PRONOMBRES REFLEXIVOS (yo misma, tú mismo...)
I	me	my	mine	myself
you	you	your	yours	yourself, yourselves
she	her	her	hers	herself
he	him	his	his	himself
it	it	its	-	itself
we	us	our	ours	ourselves
they	them	their	theirs	themselves

*Las frases en inglés, para que sean 100 % correctas, no pueden ir sin sujeto. Cuando en español no hay sujeto, en inglés se pone **it**. Por ejemplo: **It's raining** (**Está lloviendo**).

Demostrativos

💜 Pueden hacer de pronombres, y en ese caso sustituyen al sustantivo, como en **This is my house** (**Esta es mi casa**). También pueden hacer de determinantes, y entonces van delante del sustantivo, como en **I like this house** (**Me gusta esta casa**).

this	este, esta, esto
these	estos, estas
that	ese, esa, eso, aquel, aquella, aquello
those	esos, esas, aquellos, aquellas

El genitivo sajón

💜 Es como lo del bar **Manolo's**. Sirve para indicar a quién pertenece algo. Se pone el poseedor primero, seguido de un apóstrofo y una **"s"**, y lo poseído va después. Si el poseedor va en plural, solo se pone el apóstrofo.

Manolo's bar	**el bar de Manolo**
Laura's book	**el libro de Laura**
the blonde's hair	**el pelazo de la rubia**
the blondes' hair	**el pelazo de las rubias**
the teacher's shoes	**los zapatos de la profe**
the blonde's best friend*	**la mejor amiga de la rubia**

*También usamos el genitivo sajón para hablar de relaciones entre personas, como **la amiga de**, **el novio de**, **los padres de**, etc., aunque lógicamente esas personas no son *de* nadie.

Los tiempos verbales

Imperativo

💜 Sirve para dar órdenes.

AFIRMATIVA	NEGATIVA
verbo tal cual* + lo demás	**Don't** + verbo tal cual + lo demás
Text him! **¡Escríbele!**	**Don't text him!** **¡No le escribas!**

*Siempre que veas esto de "verbo tal cual" nos referimos al infinitivo sin el **to**.

Presente simple

 Sirve para hablar de lo que ocurre habitualmente o de cosas que son siempre como son.

 To be (**ser** o **estar**)

AFIRMATIVA	NEGATIVA	INTERROGATIVA
sujeto + am, is o are + lo demás	sujeto + am, is o are + not + lo demás	Am, Is o Are + sujeto + lo demás
I'm blonde. **Soy rubia.**	She isn't dumb. She's not dumb. **No es tonta.**	Are you blonde? **¿Eres rubia?**

Tu inglés sonará mucho más natural si utilizas las contracciones en la afirmativa (I'm, you're, she's, etc.) y la negativa (we aren't, it isn't, etc.).

Resto de verbos

AFIRMATIVA	NEGATIVA	INTERROGATIVA
sujeto + verbo tal cual* + lo demás	sujeto + don't o doesn't + verbo tal cual + lo demás	Do o Does + sujeto + verbo tal cual + lo demás
I have great hair. **Tengo pelazo.**	I don't have my keys. **No tengo mis llaves.**	Do you have any glitter? **¿Tienes purpurina?**

*¡Ojo! Con la tercera persona del singular (he, she, it) añadimos una **"s"** al verbo, como she likes, she loves, etc. El único irregular, además del to be y to do es justamente to have, que cambia a has. Fíjate en que doesn't y does se usan en negativa e interrogativa para la tercera persona del singular, y en estos casos el verbo principal no lleva **"s"**.

Presente continuo

 Sirve para hablar de algo que está pasando en el momento en el que hablamos.

AFIRMATIVA	NEGATIVA	INTERROGATIVA
sujeto + am, is o are + verbo acabado en -ing + lo demás	sujeto + am, is o are + not + verbo acabado en -ing + lo demás	Am, Is o Are + sujeto + verbo acabado en -ing + lo demás
I'm studying English. **Estoy estudiando inglés.**	She isn't buying shoes. **Ella no está comprando zapatos.**	Are you texting your ex? **¿Estás escribiendo a tu ex?**

Este tiempo también se usa para hablar de algo que, casi seguro, va a pasar en el futuro, como en I'm going out with my girlfriends tomorrow (**Mañana salgo con mis amigas**).

Pasado simple

 Sirve para expresar algo que empezó y acabó en el pasado.

 To be (ser o estar)

AFIRMATIVA	NEGATIVA	INTERROGATIVA
sujeto + **was** o **were*** + lo demás	sujeto + **was** o **were*** + **not** + lo demás	**Was** o **Were*** + sujeto + lo demás
I was a bit tipsy last night. **Yo estaba un poco piripi anoche.**	She wasn't tipsy last night. **Ella no estaba piripi anoche.**	Were you tipsy last night? **¿Estabas piripi anoche?**

*__Was__ va con **I**, **she**, **he** y **it**; y **were**, con **you**, **we** y **they**.

Resto de verbos

AFIRMATIVA	NEGATIVA	INTERROGATIVA
sujeto + verbo en pasado* + lo demás	sujeto + **didn't** + verbo tal cual + lo demás	**Did** + sujeto + verbo tal cual + lo demás
I parked on the pavement. **Aparqué en la acera.**	She didn't park on the pavement. **Ella no aparcó en la acera.**	Did you park on the pavement? **¿Aparcaste en la acera?**

*Si es un verbo regular, añadimos **-ed** para que se convierta en pasado, a no ser que el verbo acabe en **"y"** precedida de consonante. En este caso, se quita la **"y"** y se añade **-ied**. Eso sí, si es un verbo irregular, te toca aprendértelo de memoria. **Sorry!**

Pasado continuo

 Sirve para hablar de algo que ocurrió en el pasado y duró un rato.

AFIRMATIVA	NEGATIVA	INTERROGATIVA
sujeto + **was** o **were** + verbo acabado en **-ing** + lo demás	sujeto + **wasn't** o **weren't** + verbo acabado en **-ing** + lo demás	**Was** o **Were** + sujeto + verbo acabado en **-ing** + lo demás
I was living "la vida guapi". **Yo estaba viviendo la vida guapi.**	She wasn't living "la vida guapi". **Ella no estaba viviendo la vida guapi.**	Were you living "la vida guapi"? **¿Estabas viviendo la vida guapi?**

Presente perfecto

Sirve para hablar de cosas que han ocurrido en un tiempo que todavía no ha acabado. Es básicamente igual que cuando dices que **has hecho** algo en español.

AFIRMATIVA	NEGATIVA	INTERROGATIVA
sujeto + have ('ve) o has ('s) + verbo en participio* + lo demás	sujeto + haven't o hasn't + verbo en participio* + lo demás	Have o Has + sujeto + verbo en participio* + lo demás
I've eaten croquettes. **He comido croquetas.**	She hasn't eaten croquettes. **Ella no ha comido croquetas.**	Have you eaten croquettes? **¿Has comido croquetas?**

*El participio de los verbos regulares se forma igual que el pasado simple: añadiendo -ed o -ied. Y si es un verbo irregular, ya sabes lo que toca. Por cierto, have va con I, you, we y they; y has, con he, she y it.

Pretérito perfecto continuo

Se usa en los mismos casos en los que en español dirías que **has estado haciendo** lo que sea. Suele ir con **for** (**durante**) seguido del tiempo que has tardado en hacerlo, y en este caso se traduce como **llevo haciendo lo que sea equis tiempo**.

AFIRMATIVA	NEGATIVA	INTERROGATIVA
sujeto + have ('ve) o has ('s) + been + verbo acabado en -ing + lo demás	sujeto + haven't o hasn't + been + verbo acabado en -ing + lo demás	Have o Has + sujeto + been + verbo acabado en -ing + lo demás
You've been typing for five minutes. **Llevas cinco minutos escribiendo (en el móvil).**	She hasn't been typing for five minutes. **Ella no lleva cinco minutos escribiendo (en el móvil).**	Has he been typing for five minutes? Really? **¿Él lleva cinco minutos escribiendo (en el móvil)? ¿En serio?**

La voz pasiva

Se usa cuando no queremos mencionar el sujeto, o no podemos porque no se sabe cuál es. Equivale a frases como **Fue descubierto por** y también a las frases tipo **Se descubrió**.

Voz activa

Lo importante aquí es la persona que realiza la acción.

quien realiza la acción	verbo	resultado de la acción	resto de la frase
Marie Curie	discovered	radium	in 1898.
Marie Curie	**descubrió**	**el radio**	**en 1898.**

Voz pasiva

Aquí lo importante es el resultado de la acción. De hecho, no hace falta mencionar a la persona que la realiza, por eso aquí lo hemos puesto entre paréntesis. Si quieres mencionarla, ponle **by** delante.

resultado de la acción	verbo	quien realiza la acción	resto de la frase
Radium	was discovered	(by Marie Curie)	in 1898.
El radio	**fue descubierto**	**(por Marie Curie)**	**en 1898.**

Los verbos modales

Los verbos modales son superchulis porque no cambian, son iguales para todas las personas. ¡Viva la igualdad!

 Can

Sirve para hablar de habilidades (can = **saber**) y posibilidades o permisos (can = **poder**).

AFIRMATIVA	NEGATIVA	INTERROGATIVA
sujeto + can + verbo tal cual + lo demás	sujeto + can't + verbo tal cual + lo demás	Can + sujeto + verbo tal cual + lo demás
I can speak English. **Sé hablar inglés.**	It can't be true. **No puede ser verdad.**	Can you put more glitter on it? **¿Le puedes poner más purpurina?**

 Will

Sirve para hablar del futuro cuando no tenemos al 100 % claro qué va a pasar. También lo usamos para cosas que decidimos hacer en el momento.

AFIRMATIVA	NEGATIVA	INTERROGATIVA
sujeto + will ('ll) + verbo tal cual + lo demás	sujeto + won't + verbo tal cual + lo demás	Will + sujeto + verbo tal cual + lo demás
I'll ask for another round! **¡Pido otra ronda!**	She won't be late. **Ella no llegará tarde.**	Will you come to the party? **¿Vendrás a la fiesta?**

Would

Sirve para hablar de lo que **te gustaría**, **te comprarías**, etc., y también para pedir u ofrecer cosas con mucha educación (y pelazo).

AFIRMATIVA	NEGATIVA	INTERROGATIVA
sujeto + would ('d)* + verbo tal cual + lo demás	sujeto + wouldn't + verbo tal cual + lo demás	Would + sujeto + verbo tal cual + lo demás
I'd like a gin and tonic, please. **Un *gin-tonic*, por favor.**	She wouldn't want to watch that movie again. **A ella no le gustaría ver esa peli de nuevo.**	Would you like to have a unicorn? **¿Te gustaría tener un unicornio?**

*Would /u-uud/ también se usa para formar algunos condicionales, como verás en la página 134.

Should

Sirve para dar consejos o hablar de lo que alguien debería o no debería hacer. Es el verbo modal favorito de los cuñados.

AFIRMATIVA	NEGATIVA	INTERROGATIVA
sujeto + should + verbo tal cual + lo demás	sujeto + shouldn't + verbo tal cual + lo demás	Should + sujeto + verbo tal cual + lo demás
She should play dumb. **Debería hacerse la tonta.**	You shouldn't wear fur. **No deberías llevar pieles.**	Should I give it a go? **¿Debería intentarlo?**

*En la página 42 viste la estructura should o shouldn't have + **participio**, como en I shouldn't have texted my ex when I was tipsy. Si no te acuerdas, ¡a repasar! #RepasarEsDeGuapas

May & might

Sirven para hablar de las posibilidades que hay de que algo ocurra. ¡Pero en las preguntas solo se usa may! Míralo en la tabla:

AFIRMATIVA	NEGATIVA	INTERROGATIVA
sujeto + may o might + verbo tal cual + lo demás	sujeto + may o might + not + verbo tal cual + lo demás	May + sujeto + verbo tal cual + lo demás
She may/might be late. **Puede que ella llegue tarde.**	I may/might not be as dumb as you think. **Puede que no sea tan tonta como tú crees.**	May I sit here? **¿Me puedo sentar aquí?**

¡Ojo! En la interrogativa may se usa para pedir permiso y might no se usa en preguntas directas. Lo que sí puedes decir es Do you think she might call me? (**¿Crees que me llamará?**), pero en este caso might no va delante del sujeto porque la interrogativa no se forma con might, sino con think.

 **Must & have to**

Sirven para indicar que alguien tiene la obligación o necesidad de hacer algo. **Must** también se puede traducir como **deber de** y en ese caso se usa para indicar suposición o creencia.

	AFIRMATIVA	NEGATIVA*	INTERROGATIVA
Must	sujeto + must + verbo tal cual + lo demás	sujeto + mustn't + verbo tal cual + lo demás	Se usa casi siempre have to para la interrogativa.
	This must be the clutch. **Este debe (de) ser el embrague.**	You mustn't watch another episode. **No debes ver otro capítulo.**	-
	AFIRMATIVA	NEGATIVA*	INTERROGATIVA
Have to	sujeto + have to + verbo tal cual + lo demás	sujeto + don't have to o doesn't have to + verbo tal cual + lo demás	Do + sujeto + have to + verbo tal cual + lo demás
	I have to give my fish a bath. **Tengo que bañar a mi pez.**	You don't have to believe everything they say. **No tienes por qué creerte todo lo que dicen.**	Do I have to take off my make-up before going to bed? **¿Tengo que desmaquillarme antes de acostarme?**

*¿Te has fijado? Mustn't y don't have to no significan lo mismo. Si dices I mustn't do it, es que **no debes hacerlo por el motivo que sea**, pero si dices I don't have to do it, es que **puedes hacerlo, pero no tienes por qué**.

Los condicionales

Los condicionales nos vienen de maravilla para hacernos ilusiones y que nos queden preciosas. Sirven para hablar de cosas que podrían ocurrir si se da una condición específica. Hay tres tipos: uno para hablar del **futuro**, otro para hablar del **presente** y otro para hablar del **pasado**.

¡Repásalos en la página siguiente!

Las frases de los condicionales tienen dos partes, vamos a llamarlas "cláusulas". Da igual cuál aparezca antes, pero en una de ellas se habla de lo que podría ocurrir y en la otra de la condición que tiene que darse para que eso ocurra.

Condicional de futuro
también conocido como primer condicional

💜 Sirve para "hacerte ilusiones" sobre el futuro.

cláusula 1: if + sujeto + verbo en **presente simple** + lo demás	cláusula 2: sujeto + will ('ll) + verbo tal cual + lo demás
If I see my crush tonight, **Si veo a mi *crush* esta noche,**	**I'll tell him/her I like him/her.** **le diré que me gusta.**

También puedes cambiar el orden y decir **I'll tell my crush I like him/her if I see him/her tonight**. Fíjate en que, si las cláusulas van en este orden, no hace falta que pongas una coma.

Condicional de presente
también conocido como segundo condicional

💜 Sirve para "hacerte ilusiones" sobre el presente.

cláusula 1: if + sujeto + verbo en **pasado simple** + lo demás	cláusula 2: sujeto + would ('d) + verbo tal cual + lo demás
If I were* a millionaire, **Si fuera millonaria,**	**I'd have a dressing room in my mansion.** **tendría un vestidor en mi mansión.**

*En este caso, y como excepción, I, he, she y it van con were en lugar de con *was*.

Ya sabes, también puedes decir **I'd have a dressing room in my mansion if I were a millionaire**.

Condicional de pasado
también conocido como tercer condicional

💜 Sirve para "hacerte ilusiones" sobre el pasado. Ilusiones un poco absurdas, porque para que se hicieran realidad tendrías que viajar al pasado para poder cambiarlo, pero ¿y lo preciosas que te quedan?

cláusula 1: if + sujeto + verbo en **pasado perfecto** + lo demás	cláusula 2: sujeto + would + **presente perfecto** + lo demás
If I hadn't had so many shots last night, **Si no hubiera bebido tantos chupitos anoche,**	**I wouldn't have texted my ex.** **no habría escrito a mi ex.**

¿Cómo sería al revés? **I wouldn't have texted my ex if I hadn't drunk so many shots last night.** ¡Claro que sí, guapi!

El comparativo y el superlativo

El comparativo

Sirve para expresar que algo es **más**, **menos** o **igual** que otro algo. Vamos a verlo ¡comparando zapatos!

COMPARATIVO DE SUPERIORIDAD		
Si el adjetivo tiene una sílaba, como **cheap**...	Si el adjetivo tiene dos sílabas y acaba en **"y"**, como **ugly**...	Si el adjetivo tiene dos o más sílabas, como **expensive**...
zapatos 1 + verbo + adjetivo acabado en **-er** + **than** + zapatos 2	zapatos 1 + verbo + adjetivo acabado en **-ier*** + **than** + zapatos 2	zapatos 1 + verbo + **more** + adjetivo + **than** + zapatos 2
These shoes are cheaper than those ones. **Estos zapatos son más baratos que aquellos.**	These shoes are uglier than those ones. **Estos zapatos son más feos que aquellos.**	These shoes are more expensive than those ones. **Estos zapatos son más caros que aquellos.**

*Fíjate en que en estos casos desaparece la **"y"**.

En el comparativo de inferioridad e igualdad no importa cuántas sílabas tenga el adjetivo. Siempre se forman igual. ¡Mira qué bien!

COMPARATIVO DE INFERIORIDAD	COMPARATIVO DE IGUALDAD
zapatos 1 + verbo + **less** + adjetivo + **than** + zapatos 2	zapatos 1 + verbo + **as** + adjetivo + **as** + zapatos 2
These shoes are less ugly than those ones. **Estos zapatos son menos feos que aquellos.**	These shoes are as expensive as those ones. **Estos zapatos son tan caros como aquellos.**

El superlativo

Sirve para expresar que algo es **lo más de lo más**. ¡Seguimos con los zapatos!

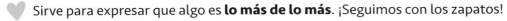

Si el adjetivo tiene una sílaba, como **cheap**...	Si el adjetivo tiene dos sílabas y acaba en **"y"**, como **ugly**...	Si el adjetivo tiene dos o más sílabas, como **expensive**...
sujeto + verbo + **the** + adjetivo acabado en **-est** + lo demás	sujeto + verbo + **the** + adjetivo acabado en **-iest** + lo demás	sujeto + verbo + **the most** + adjetivo + lo demás
These are the cheapest shoes in* the shop. **Estos son los zapatos más baratos de la tienda.**	These are the ugliest shoes in the shop. **Estos son los zapatos más feos de la tienda.**	These are the most expensive shoes in the shop. **Estos son los zapatos más caros de la tienda.**

*Fíjate en que decimos **in the shop** y no *of the shop*.

Los irregulares

Algunos adjetivos no siguen estas reglas, pero **don't worry, be guapi**, porque ¡son poquísimos! Los más comunes son:

ADJETIVO	COMPARATIVO	SUPERLATIVO
good **bueno**	better **mejor**	the best **el mejor**
bad **malo**	worse **peor**	the worst **el peor**
far **lejano**	farther/further **más lejano**	the farthest/furthest **el más lejano**

Algunas estructuras superútiles

 ## There + to be

Sirve para hablar de lo que **hay**. Se puede usar con varios tiempos verbales para hablar de lo que **había**, **habrá**, etc., solo tienes que conjugar el verbo **to be** en el tiempo que quieras.

AFIRMATIVA	NEGATIVA	INTERROGATIVA
There's/There are + lo demás	There + isn't/aren't + lo demás	Is/Are + there + lo demás
There's a traffic jam. **Hay atasco.**	There isn't a traffic jam. **No hay atasco.**	Is there a traffic jam? **¿Hay atasco?**
There are some chocolates in the box. **Hay bombones en la caja.**	There aren't any chocolates in the box. **No hay bombones en la caja.**	Are there any chocolates in the box? **¿Hay bombones en la caja?**

¿Cómo serían estas frases en **pasado simple**? **There was** a traffic jam. **There wasn't** a traffic jam. **Was there** a traffic jam? **There were** some chocolates in the box. **There weren't** any chocolates in the box. **Were there** any chocolates in the box?

¿Y en **futuro** con **will**? **There will be** a traffic jam. **There won't be** a traffic jam. **Will there be** a traffic jam? **There will be** some chocolates in the box. **There won't be** any chocolates in the box. **Will there be** any chocolates in the box?

¡Sigue practicando con más tiempos verbales!

Going to

💜 Sirve para hablar de lo que alguien **va a hacer**, normalmente porque ya lo tiene planeado. Es exactamente igual que **ir a + infinitivo** en español.

AFIRMATIVA	NEGATIVA	INTERROGATIVA
sujeto + am/is/are + going to + verbo tal cual + lo demás	sujeto + am/is/are + not + going to + verbo tal cual + lo demás	Am/Is/Are + sujeto + going to + verbo tal cual + lo demás
I'm going to watch another episode. **Voy a ver otro capítulo.**	She isn't going to watch another episode. **Ella no va a ver otro capítulo.**	Are you going to watch another episode? **¿Vas a ver otro capítulo?**

*A veces going to se abrevia a gonna, pronunciado /gáana/. Si siempre que lo oías en las canciones te preguntabas qué era eso de gonna, ¡ya lo sabes!

Let's…!/Shall we…?

💜 **Let's** sirve para proponer un plan. Es la estructura favorita de tu amiga la que siempre propone los planes guais en el grupo de WhatsApp. Fíjate en que en interrogativa no usamos *let's*, sino **shall we**, que en español no se traduce.

AFIRMATIVA	NEGATIVA	INTERROGATIVA
Let's + verbo tal cual + lo demás!	Let's + not + verbo tal cual + lo demás	Shall we + verbo tal cual + lo demás
Let's have brunch! **¡Vamos a tomarnos un *brunch*!**	Let's not get nervous. **No nos pongamos nerviosas.**	Shall we go now? **¿Nos vamos ya?**

Used to

💜 Sirve para hablar de algo que ocurría en el pasado, pero ya no.

AFIRMATIVA	NEGATIVA	INTERROGATIVA
sujeto + used to + verbo tal cual + lo demás	sujeto + didn't use to + verbo tal cual + lo demás	Did + sujeto + use to + verbo tal cual + lo demás
I used to wear chokers in the nineties. **Yo me ponía *chokers* en los noventa.**	She didn't use to wear chokers in the nineties. **Ella no se ponía *chokers* en los noventa.**	Did chokers use to be in in the nineties? **¿Los *chokers* estaban de moda en los noventa?**

¡Ojo! No confundas used to con to be used to, que significa **estar acostumbrada** o **acostumbrado a** y además va seguido de verbos acabados en -ing. Fíjate en la diferencia entre I'm used to playing dumb (**Estoy acostumbrada a hacerme la tonta**) y I used to play dumb (**Solía hacerme la tonta**).

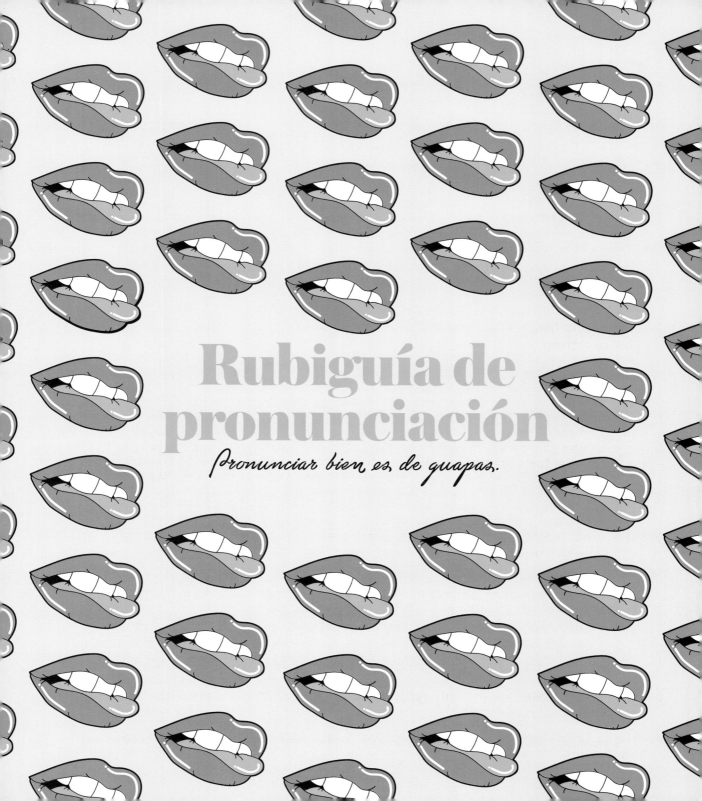

Rubiguía de pronunciación

Pronunciar bien es de guapas.

PRONUNCIATON
/prəˌnʌnsɪˈeɪʃən/

¿Cuándo ves la pronunciación difícil de los diccionarios te entran ganas de bajarte de la vida? ¡Normal! O eres una experta en fonética o eso no hay quien lo entienda.

Mira esto:

PRONUNCIATON
/pronaansiéishhhan/

Mucho mejor, ¿verdad?

Te presentamos… La rubiguía de pronunciación. Nuestro sistema de pronunciación es más sencillo que el oficial. Lo hacemos así para que sea lo más fácil posible y ninguna rubia se estrese.

Antes de que sigas leyendo, un par de cosas importantes. Bueno, tres:

1 Esto seguro que ya lo sabes, pero por si acaso: ten en cuenta que en inglés prácticamente no se pueden hacer generaciones con la pronunciación. Es decir, ninguna letra suena siempre como el sonido que le tienes asociado en español. Lo que vas a encontrar aquí es una guía de sonidos que casi nunca se van a corresponder con las letras que los representan. Por eso, siempre que te aprendas una palabra, te toca hacer doble trabajo: por un lado, aprenderte cómo se pronuncia y, por otro, cómo se escribe.

2 Al hacer esta guía hemos tomado como referencia el acento británico estándar para no liarnos. Eso no quiere decir que esta que vas a ver aquí sea la única forma de pronunciar las palabras, ni muchísimo menos. En inglés hay un montón de acentos y variaciones. Eso sí: si pronuncias siguiendo nuestra guía, seguro que te entienden en todas las partes del mundo.

3 La rubiguía de pronunciación es eso: una guía. No es 100 % perfecta porque hay sonidos del inglés que no se pueden representar con las letras del español y, aunque seguro que nuestras transcripciones fonéticas para rubias te ayudarán muchísimo, te recomendamos que escuches siempre el audio para que sepas cómo se pronuncian todos los sonidos del inglés.

El truqui de la profe de inglés de La Vecina Rubia
Para sacarle el máximo partido a nuestra guía, lee siempre todo en voz alta como si estuvieras imitando a un guiri que está de vacaciones en Torremolinos y que intenta hablar en español con su acentazo, en plan: *Una serveisa, pour favour.* ¡Seguro que se te da genial!

Las vocales

En español (acento estándar) hay cinco; en inglés, muchas más. Vamos a verlas una a una.

/a/
bat, cat, ham

¡Empezamos por lo fácil! Esta es una **"a"** normal y corriente, igual que la del español.
No tiene misterio. Sigamos.

/aa/
butter, cut, run

Es una **"a"** breve y apagada. Para pronunciarla bien, baja la mandíbula hacia el pecho,
como si acabaras de leer algo superfuerte en el grupo de WhatsApp de las amigas.

/aaa/
car, start, dance

Esta es la **"a"** más larga de todas. Imagínate que estás en el médico y te pide
que digas "aaaaaaaa" para mirarte la garganta. Pues así se dice.

/e/
bed, let, step

¡Otro sonido facilito! Se dice igual que la **"e"** del español.

/ee/
work, turn, learn

Este no es tan fácil porque no existe en español. **Sorry!** Es un poco más largo
que una **"e"** normal y se produce casi sin abrir la boca.

/i/
it, will, ship

Esta es una **"i"** muy, muy, muy cortita. Para conseguirla, pon la boca como para decir una **"e"**,
pero di una **"i"** que se corta casi antes de salir de tu garganta. ¡Y no sonrías nada de nada!

/ii/
believe, eat, sheep

Es como la **"i"** del español, pero mucho
más larga. Ahora sí, ¡sonríe muchísimo!

/o/

coffee, **copy**, **stop**

¡Mira qué bien! Esta es igualita que la **"o"** del español.

/oo/

law, **door**, **board**

Es una **"o"** larga, larga; como cuando te haces la rubia
y finges que algo te sorprende mucho,
aunque en realidad ya lo sabías: **/ooooooooo/**.

/u/

book, **put**, **good**

Es una **"u"** muy cortita. Para conseguir este sonido tienes
que poner morritos y echar muy poco aire al pronunciarla.

/uu/

cool, **move**, **lose**

Y esta es una **"u"** muy larga. Por eso te ponemos dos. Imita el ruido
que hacen los búhos y verás como te sale chachi.

/a/

never, **doctor**, **opinion**

Este es el sonido estrella del inglés. ¡Hasta tiene nombre! Se llama **schwa** y está en un montón de palabras, casi siempre en las sílabas que no van acentuadas. Te la ponemos siempre en color naranja para que la veas bien. La mala noticia es que en español no existe nada parecido a este sonido, pero merece la pena que le dediques un ratito a aprender como suena porque aparece muchísimo. Es como una mezcla entre una **"a"** y una **"e"**, y tan breve como la fama de un tronista.

Truqui de pronunciación

Oirás mucho los sonidos **/aaa/**, **/ee/** y **/oo/** cuando veas **-ar**, **-er**, **-ir**, **-or** y **-ur** al final de una sílaba. ¿Y eso por qué? Pues porque en acento británico estándar la **"r"** al final de las sílabas no se pronuncia en absoluto, sino que solo está ahí para indicar que la vocal que va antes es un poco más larga. Si esta sílaba no va acentuada, casi siempre se pronunciará con nuestra amiga la **schwa**, como en **never /névvva/**.

Los diptongos

Un diptongo es un sonido compuesto por dos vocales. Ahora que ya te sabes las vocales, es fácil, porque solo se trata de combinarlas. Los diptongos más comunes del inglés son:

/ái/ = /a/ + /i/
like, cry, I

/óu/ = /o/ + /u/
don't, home, show

/ía/ = /i/ + /a/
beer, dear, fear

/áu/ = /a/ + /u/
out, loud, found

/éea/ = /ee/ + /a/
hair, care, wear

/iúu/ = /i/ + /uu/
you, continue, use

/éi/ = /e/ + /i/
hate, day, baby

/ié/ = /i/ + /e/
yes, yesterday, yay

/ióo/ = /i/ + /oo/
your, you're, yawn

¡Ojo!
En inglés la **"y"** no suena como la **"ll"** del español, sino como una **"i"** normal y corriente. Por eso siempre que veas que una palabra empieza por **"y"**, se va a pronunciar como un diptongo. Así que no digas: /lles/ (**yes**), /lluu/ (**you**), /llésterdei/ (**yesterday**), ni nada de eso. Es /iés/, /iúu/, /iéstadei/, etc.

La **"w"** nunca suena como /gu/ en inglés, sino más bien como el sonido /u/. Hay un montón de combinaciones posibles, como, por ejemplo: **when** /uén/, **win** /uín/, **water** /uóota/, **wood** /u-úd/, **where** /uéea/, **weird** /uíad/, **war** /uóo/, **wow** /uáu/, etc. Además, siempre que va seguida de una **"r"**, la **"w"** es muda, como en **wrong** /rong/ o **write** /ráit/.

Las consonantes

Tranqui. Ya ha pasado lo peor. Las consonantes del inglés, por lo general, son bastante más parecidas a las del español que las vocales, aunque también es verdad que algunas tienen su miga. Así que no te relajes del todo, que vamos a por ellas.

Las explosivas

¡Algunas vocales del inglés son la bomba! Es como si explotasen en la boca antes de sonar. Eso es porque, antes de decirlas, tienes que cerrar bien alguna parte de tu boca y luego soltar el aire de golpe. ¡Acuérdate de la rubísima Rafaella Carrá cada vez que las veas! Explota-explótame-expló...

/b/

beer, **bob**, **boyfriend**

La **"b"** del inglés suena mucho más fuerte que la del español. Para pronunciarla, sella los labios antes de dejarla salir de golpe. No tengas miedo de exagerar, la decimos así, ¡en serio!

/p/

purple, **play**, **popcorn**

¿Sabes el golpe seco que suena cuando te distraes conduciendo por una calle estrecha y le das al espejo del coche? ¡Pum! Pues eso es la **"p"** del inglés. ¡Suena muchísimo más que la del español! Al igual que la **"b"**, la producimos sellando los labios y soltándola de golpe.

/t/

computer, **teacher**, **short**

También es mucho más fuerte que la **"t"** del español, tanto que a veces suena casi más parecida a una **"ch"** que a una **"t"**. Si se te escapa un escupitajo mientras la dices, no te preocupes, ¡eso es que vas bien!

/d/

dance, **dad**, **day**

Di "dedo" en español. ¿A que has metido la lengua un poquito entre los dientes en la segunda **"d"**? Pues para decir la **"d"** del inglés, no tienes que hacerlo. Lo que tienes que hacer es ponerla detrás de los dientes de arriba, cerrándole el paso al aire, y soltarlo de golpe.

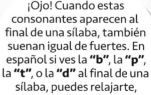

¡Ojo! Cuando estas consonantes aparecen al final de una sílaba, también suenan igual de fuertes. En español si ves la **"b"**, la **"p"**, la **"t"**, o la **"d"** al final de una sílaba, puedes relajarte, pero en inglés tienes que marcarlas mucho más.

/g/

gag, **green**, **big**

Para decir la **"g"** del inglés también tienes que cerrar el paso al aire, pero esta vez con tu garganta. Pega la lengua al fondo del paladar y suelta el sonido de golpe. Ojo, porque este sonido no tiene nada que ver con la **"j"** del español. Tiene que sonar como una **"g"** suave como la de **agua** aunque vaya al final de una palabra, como en **big** **/big/** o **egg** **/eg/**.

Las raritas

Estas son las que menos se parecen a los sonidos del español. Para aprendértelas bien te va a tocar poner caras raras porque tu boca no estará acostumbrada a ellas. Pero no te bajes de la vida, sigue nuestros consejos y ya verás como lo consigues.

/r/

rat, **wrong**, **raw**

Nos hace mucha gracia llamarla la **"r"** piripi porque suena como cuando hablas y vas... pues eso, un poco piripi. ¿Te acuerdas del señor ese que decía "raro, raro, raro..."? Pues la **"r"** es justo así. Si no te acuerdas porque eres muy *millennial*, lo que tienes que hacer es enrollar la lengua hacia atrás para pronunciarla.

/shhh/

she, **pleasure**, **shower**

Este sonido es el de mandar callar de toda la vida. Si eso no te inspira, también puedes pensar en un sevillano diciéndote: "¿Quiere shhhocolate con shhhurro, miarma?". En algunas palabras, como **pleasure** **/pléshhha/**, es un sonido vibrado.

/hhh/

hello, **happy**, **how**

Aunque de pequeña en el cole te cantasen */jjjjapi berdei chu chu/* cuando era tu cumple, la **"h"** en inglés no suena como la jota del español. Es un sonido aspirado y por eso te ponemos tres **"h"**, para que no se te olvide. Si no te sale, haz como si estuvieras echando vaho en el espejo del baño para dibujar corazoncitos. ♥ ♥ ♥

La jota no existe en inglés. No nos referimos al baile, que tampoco existe, sino al sonido. Por eso los guiris no saben pronunciarla, porque para ellos es una marcianada. ¡Saca las jotas de tu inglés!

/ks/

exit, **taxi**, **sexy**

La **"x"** en inglés suena como si juntáramos la **"k"** y la **"s"** y las hiciéramos sonar bien fuerte. En español, en teoría también, aunque a la hora de la verdad son pocos los que la pronuncian de esta manera cuando hablan de forma relajada. Por eso te la ponemos como **/ks/**, para que no se te olvide.

/n(g)/

going, **sing**, **clingy**

Cuando tenemos una **"n"** con una **"g"** detrás, como ocurre, por ejemplo, en todos los gerundios, esa **"g"** prácticamente no suena. Lo que hace es modificar el sonido de la **"n"**, que se pronuncia poniendo la lengua en la parte de atrás del paladar. Si tienes dudas, ponte el audio e imita como lo decimos nosotras.

Las superfáciles

¡Bieeen! Esto te va a gustar: todos los sonidos que vienen a continuación son iguales o muy parecidos en inglés y en español. Pero vamos a verlos de todas formas porque hay algunas cosillas que tienes que tener en cuenta.

/f/

fall, **favourite**, **laugh**

Es un pelín más exagerada en inglés, pero fe pfonunfia fáficamente de la mifma fofma.

/sss/

stamp, **stop**, **Spanish**

Es igual que la **"s"** de silla, aunque… ¡ojito! Sabemos que tienes mucha imaginación, pero si ves que aparece una **"s"** al principio de una palabra con una consonante detrás, ¡no te inventes que tiene una **"e"** delante! Nos estamos refiriendo a esa gente que dice cosas como /estóp/ o /estárt/ cuando deberían decir **/ssstop/** o **/ssstaaat/**. No te preocupes, para que no se te olvide, siempre escribimos la **"s"** por triplicado.

/z/

three, **think**, **through**

Es igual que la **"z"** de zapatos. Es frecuente que las letras **"th"** se pronuncien así, pero no siempre. Ya sabes que en el inglés no hay reglas fijas de pronunciación.

/k/

can, **chemistry**, **like**

¡Otro que es igual en inglés y en español! ¡Bieeeen!

/ch/

change, **chop**, **damage**

¡Y otro más que es parecidísimo! ¡Viva! Eso sí, ten en cuenta que los sonidos no siempre corresponden a las letras. Por ejemplo, en **damage** el grupo de letras **"g"** y **"e"** suenan como una /ch/. Además, salvo rarísimas excepciones, la **"j"** siempre suena así, como en **jump** /**cháamp**/ o **project** /**próchekt**/, aunque en estos casos el sonido es un poco más suave y vibrado.

/l/

like, **smile**, **clay**

Este es más o menos igual, aunque se parece un poco más a la **"l"** del catalán que a la del español.

/m/

man, **mix**, **I'm**

¡Mmmm! Qué bien, otro que suena igual. Ten en cuenta que, en inglés, cuando la **"m"** aparece al final de una palabra suena muy fuerte. Si no la marcas lo suficiente, puede que no te entiendan.

/n/

run, **nice**, **Spain**

Y otro más que es el mismo en ambos idiomas. Así da gusto, ¿verdad?

/ñ/

Espera... ¿qué? ¿Qué me estás contando? ¿Que la **"ñ"** existe en inglés? Pues sí, existe. Aunque aparece muy poquito. Por ejemplo, la encontramos en **onion** (**cebolla**) que se pronuncia /**áañan**/, o en **opinion** /**apíñan**/.

¡¡¡¡¡¡
¡No te relajes! Aunque estos sonidos son prácticamente iguales en ambos idiomas, cuando aparecen al final de sílaba, tienes que esforzarte muchísimo en pronunciarlos de forma muy marcada, en especial la **"m"**, la **"n"** y la **"k"**.

Las vvvvibrantes

Las consonantes más vibrantes del inglés se llaman así porque hacen vibrar tus cuerdas vocales al salir de tu garganta. Un rubiconsejito para pronunciar todas ellas: mientras las digas ponte la mano en la garganta; ¿vibra? Si vibra, ¡lo has conseguido!

/vvv/

lava, **very**, **never**

Cuidado con la **"v"**, porque nunca suena como una **"b"**. Es normal que te líes, porque en español la mayoría de la gente pronuncia igual la **"b"** y la **"v"**. Pero en inglés, la **"v"** vvvvvvvibra. Para conseguir este sonido, haz como si fueras a decir una **"f"**, pero suelta el aire poco a poco: **/vvvvvv/**. ¿Notas la vvvvvibración?

/s/

phones, **zebra**, **desert**

¿Sabes el maldito mosquito ese que se mete en tu cuarto por la noche en verano y te pasa por delante del oído? ¿Ese que luego enciendes la luz y ha desaparecido? ¿El mismo que vuelve cuando la apagas y otra vez te despierta? Pues justo así suena la **/s/**.

/dz/

these, **with**, **the**

Este sonido es como una mezcla entre la **"d"** y la **"z"**. Para conseguirlo, mete la lengua entre los dientes y suelta el aire... ya sabes, haciendo vibrar tus cuerdas vocales. Un truqui: cuando las letras **"th"** no suenan como una **/z/**, suenan así.

Unir los sonidos al hablar es de guapas

¿Sabes por qué cuesta más entender un idioma que leerlo? Porque cuando hablamos no separamos las palabras como sí hacemos cuando escribimos. Por ejemplo, escribimos **Can I have a coke?** (**¿Me pones una coca-cola?**), pero al decirlo en voz alta suena algo así: **/kánaihhhavvva kóuk/**. Si te has fijado en las transcripciones fonéticas de las tablas que aparecen en el libro (¡deberías!), habrás visto que a veces separamos las palabras por donde no toca o incluso las ponemos como si fueran una sola palabra. No es para complicarte la vida, sino para que te acostumbres a hablar de forma más fluida y con un acentazo estupendísimo.

Hasta aquí la guía de pronunciación... ¡Vamos a por más cosis!

Soluciones a los pasatiempos

¡A ver cuánto has acertado!

Capítulo 1

Word Sudoku!

Página 21

glittery	cramps	sanitary pad	feliz	montaña rusa	nórdico	chuleta	probador	corazón
tickled pink	roller coaster	sweetheart	probador	chuleta	con purpurina	calambres	compresa	nórdico
fitting room	cheat sheet	duvet	calambres	compresa	corazón	con purpurina	feliz	montaña rusa
duvet	glittery	cheat sheet	roller coaster	tickled pink	fitting room	sanitary pad	sweetheart	cramps
sanitary pad	sweetheart	tickled pink	duvet	glittery	cramps	roller coaster	cheat sheet	fitting room
roller coaster	fitting room	cramps	cheat sheet	sweetheart	sanitary pad	duvet	glittery	tickled pink
cheat sheet	tickled pink	fitting room	con purpurina	calambres	montaña rusa	sweetheart	duvet	sanitary pad
sweetheart	duvet	roller coaster	compresa	probador	chuleta	tickled pink	cramps	glittery
cramps	sanitary pad	glittery	corazón	nórdico	feliz	fitting room	roller coaster	cheat sheet

Capítulo 2

What Is She Like?

Página 33

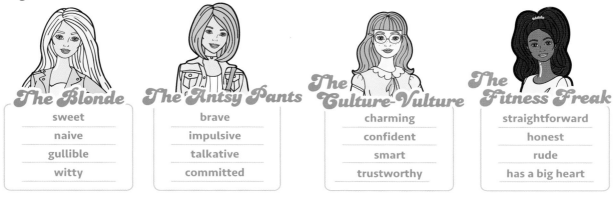

The Blonde
- sweet
- naive
- gullible
- witty

The Antsy Pants
- brave
- impulsive
- talkative
- committed

The Culture-Vulture
- charming
- confident
- smart
- trustworthy

The Fitness Freak
- straightforward
- honest
- rude
- has a big heart

Capítulo 3

The Night Maze

Página 43

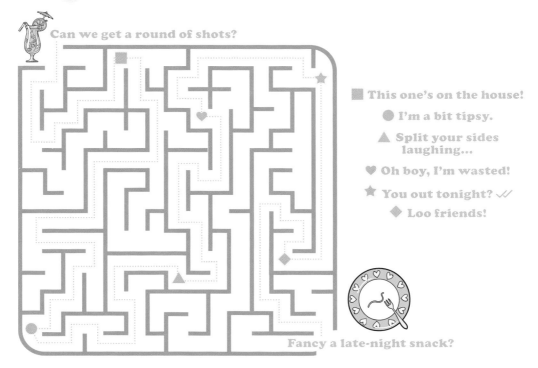

Can we get a round of shots?

- ■ This one's on the house!
- ● I'm a bit tipsy.
- ▲ Split your sides laughing...
- ♥ Oh boy, I'm wasted!
- ★ You out tonight? ✓
- ◆ Loo friends!

Fancy a late-night snack?

Crossword!

Página 53

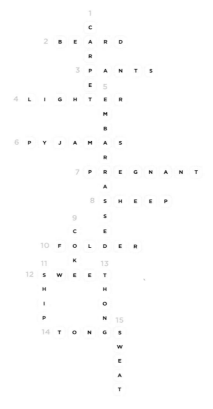

The Love Word Search

Página 63

```
              F                    F K
        I Z F A F E P          A O C K V A
      C C R E H T O Y N      A V E C I T S E
      E Q B C E X P E C T    C E N F C P A I L
      H R Q F E H B V R R F R E A K O U T R B V
      O E E B L A B B E R R H R E T E L H I M F A
      P P D P A P E R O F T I A W H P O U S U A
      E G O I M G P G G N Y P P G Q G C S A F T
        I O V E R T H I N K S G I O I A S I F
        A B I A I N C H E C K O U T D A A I
        N Q A N I N N V A E H N T I U O N
          D N A N D T C A E R R E V O D
            P A A W K W A R D A C S H
              N A R E V O P I R T N
                D P T N Q U I U
                  L M U S U L
                    P H I L
                      O
```

Capítulo 6

Paper Cut-Out Doll!

Página 73

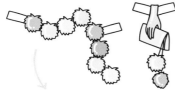

pom-poms

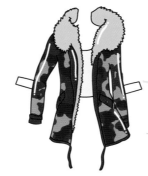

camo print, pink fur-hooded coat

leopard/cheetah print

fishnet stockings

zebra print

sandals

choker

snake print

Capítulo 7

Find the Blonde's Car

Página 83

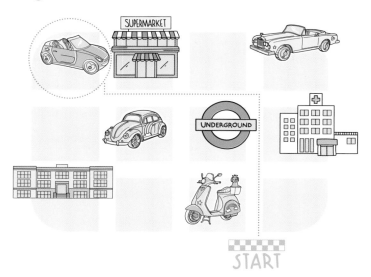

Capítulo 8

Match the Words!

Página 93

ojo	látigo	eyelash
gelatina	pez	jellyfish
luz	casa	lighthouse
espalda	hueso	backbone
pum	maíz	popcorn
dolor	asesino	painkiller
fuego	lugar	fireplace
T	camisa	T-shirt
agarra	barras	handlebars
barriga	botón	belly button
hogar	trabajo	homework
lluvia	abrigo	raincoat
negra	tabla	blackboard
brazo	silla	armchair
concha	pez	shellfish

See you later, Mari Carmen

Aunque esto sea el final del libro, hemos pensado que mejor vamos a aprovecharlo para contarte cómo empezó todo, porque si pensamos en que ya se acaba, nos ponemos tristes y se nos corre el rímel.

Resulta que un día La Vecina Rubia se despertó de la siesta con el libro de inglés pegado a la cara, porque se había quedado dormida mientras estudiaba. Con un par de *phrasal verbs* tatuados en la frente, pensó que ojalá hubiera una forma de aprender inglés para las rubias como ella: un libro muy divertido, con pasatiempos para no aburrirse estudiando y con muchos dibujitos cuquis.

Así que le pidió ayuda a su profe de inglés, Mamen Rivera, que también tiene alma de rubia, aunque cualquiera sabe de qué color lleva el pelo ahora. Y, como ninguna de las dos sabía dibujar, llamaron a la ilustradora Isa Muguruza, otra rubia majísima, para que hiciera un montón de ilustraciones superbonitas.

Quedaron las tres para compartir las rubieces que les habían pasado en la vida, y se pusieron a pensar en cómo podían escribirlas y dibujarlas para que el resto de rubias también pudiesen disfrutar aprendiendo inglés con ellas. Se hicieron muchísimas ilusiones que les quedaron preciosas, las apuntaron en una servilleta del bar y se pusieron a trabajar en ello nada más llegar a casa.

Y así, con la ayuda de Julia Nowicki, la editora más rubia de Vaughan, y el diseñador artistazo Rubén Salgueiros, que es una rubia atrapada en cuerpo de hombre, nació *Inglés para rubias que no tienen un pelo de tontas.*

Esperamos que te lo hayas pasado tan bien leyéndolo como nosotras escribiéndolo y que hayas aprendido un montón de cosis. Y si no te ha dado la vida para leerte el libro entero, esperamos que al menos lo hayas usado para calzar la mesa del salón, porque el rosa combina con todo.

Querida amiga rubia, aquí te dejamos. Al menos de momento. Te deseamos mucha, mucha, mucha suerte con tu inglés. Practica mucho y no te olvides de repasar todo lo que has aprendido, porque, por si no te ha quedado claro aún, repasar es de guapas.

Hasta pronto, guapi.

XXX

Isa, Mamen y La Vecina Rubia